Jagdmethoden

und

Fanggeheimnisse

Ein Handbuch für Jäger und Jagdliebhaber,

mit

vielen Wittrungen

und mit

52 in den Text gedruckten Abbildungen

von

Fangapparaten, Wildfährten, Fährtenstellungen und Geweihen

Herausgegeben von

Emil Regener

Potsdam

Verlag von Eduard Döring

1860

Bearbeitet und kommentiert von

Josef E. von Reuth

November 2015

*****

Impressum

Josef E. von Reuth
c/o maildrop24
Libanonstraße 85
D-70186 Stuttgart

E-Mail: josef@vonreuth.ch
Website: www.vonreuth.ch

Obwohl ich bestrebt bin, eine inhaltliche und typografische Richtigkeit zu liefern, können Fehler in Inhalt und Typografie auftreten.

Folgende Anmerkungen vorab:

- [Seite xx] Seitenangabe nach dem Original

- [KvR] Kommentar Josef E. von Reuth

- Mit Stern * gekennzeichnete Fußnoten entsprechen dem Original.

- Maße, Gewichte und soweit nötig ihre Abkürzungen sind in den Fußnoten erläutert und können somit einfach auf heutige Maße umgerechnet werden.

Bilder

- Titelseite: Meister von Werden - Die Bekehrung des heiligen Hubertus; gemeinfrei
- Jost Amman - Der Weydmann; gemeinfrei
- Jost Amman - Der Jäger; gemeinfrei
- Mit „Fig. xx" bezeichnete Abbildungen sind von Emil Regener
- Abbildung: Spiegel vom Rehbock und Rehgeiß und Hessen sind eigene Werke und nicht gemeinfrei.
- Rückseite: Gustave Courbet - National Museum of Western Art, Tokyo - Gemälde eines mit einem Tellereisen gefangenen Fuchses. [Solche Fallen sind heutzutage in Mitteleuropa verboten.]

Autor

Der kenntnisreiche Jäger Emil Regener weiht den Leser in die Geheimnisse der Jagd ein. Er erläutert anschaulich unterschiedliche Fangmethoden für die verschiedenen Wildarten; erklärt die Fallenjagd, das Fährtenlesen sowie das Zerlegen, die Zubereitung und Konservierung des Wildbrets.

Über das Leben und Wirken Emil Regners ist nichts bekannt. Er wird weder von Jagdkollegen zitiert, noch findet man weitergehende Informationen im Netz. Auch in der Allgemeinen Deutsche Biographie (ADB) findet er keine Erwähnung.

Das vorliegende Werk wurde immer wieder neu aufgelegt, überarbeitet und erweitert. Es ist ein Standardwerk der Jagdliteratur geworden, und das nicht nur weil es mit zahlreichen Abbildungen illustriert wurde. Emil Regeners Text der Originalausgabe aus dem Jahr 1860 wurde sorgfältig bearbeitet.

Regners literarische Werke sind:

- Jagdmethoden und Fanggeheimnisse. Ein Handbuch für Jäger und Jagdliebhaber, mit vielen Wittrungen und mit 52 in den Text gedruckten Abbildungen von Fang-Apparaten, Wildfährten, Fährtenstellungen und Geweihen. Potsdam, E. Döring 1860
- Erfahrungen über den Nahrungsverbrauch, und über die Lebensweise, Lebensdauer und Vertilgung der großen Kiefern-Raupe. 1865

Bearbeiter und Kommentator

Josef E. von Reuth ist Jäger, Falkner und Imker und somit ist die Natur ein wichtiger Teil seines Lebens. Neben der Falknerei gilt seine Leidenschaft der Wildschweinjagd.

Um alte, wertvolle Jagdliteratur auch auf modernen Medien mit leicht lesbarer Schriftart barrierearm wiedergeben zu können, wurde diese unter einem nicht-wissenschaftlichen Gesichtspunkt bearbeitet. Dadurch wird es möglich, wichtiges Jagdwissen, das zum Großteil auch noch heute angewendet werden kann, allgemeinverständlich, in die eigene Jagdpraxis einfließen zu lassen.

In diesem Sinn wünscht der Bearbeiter: Waidmannsheil

Editionsprinzipien

- Es handelt sich nicht um ein wissenschaftliches Werk, deshalb wird keine buchstabengetreue Abschrift der Quelle vorgelegt.
- Die Orthographie wurde auf der Grundlage der neuen Rechtschreibung behutsam modernisiert und dem heutigen Gebrauch, sofern es zweckdienlich erschien, angepasst.
- Die im 19. Jahrhundert gebräuchliche Schreibweise „th" wurde in der vorliegenden Fassung meist durch einfaches „t" ersetzt.
- Der Text enthält die tatsächlichen, mit der Druckausgabe von 1860 übereinstimmenden Seitennummern [Seite xx].

Abkürzungen

bzw.	- beziehungsweise
d.h.	- das heißt
etc.	- et cetera
KvR	- Kommentar Josef E. von Reuth
u.a.	- unter anderem
usw.	- und so weiter
z.B.	- zum Beispiel

Vorwort

Bei Herausgabe der „Jagdmethoden und Fanggeheimnisse" hat die Absicht zu Grunde gelegen, für den Jäger ein praktisches Vademecum[1] zu liefern, nach dessen Anleitung derselbe die Jagd und den Fang des Wildes, sowie alle sonstigen Geschäfte, die in sein Fach schlagen, vorteilhaft betreiben, dabei aber auch den Wildbestand möglichst schonen kann, welches Letztere bei dem gegenwärtigen Zustand unserer Jagden gewiss eine Hauptaufgabe des Jägers sein wird.

Der Verfasser hat keinen Anstand[2] genommen, die kostbarsten Wittrungen[3] dem Jägerpublikum zum gemeinsamen Nutzen zu veröffentlichen; er kann jedoch den Wunsch nicht unterdrücken, dass diese Geheimnisse nur in geweihte Hände kommen möchten.

Alten Jägern, denen dies Buch zu Gesicht kommt, möge dasselbe eine angenehme Erscheinung sein; den jüngeren Kollegen aber und allen Jagdunkundigen wird es bei Ausübung der Jagd als Führer den wesentlichsten Nutzen gewähren, da sie in demselben alles Nötige und Wissenswürdige in gedrängter Kürze und in bildlicher Darstellung vorfinden.

Potsdam, im März 1860.

Der Verfasser

---

[1] [KvR] Ein Vademecum war ein Heft oder Buch, das als unentbehrlicher Begleiter bei der Berufsausübung, auf Reisen oder auch sonst in allen Lebenslagen mitgeführt wurde.
[2] [KvR] „keinen Anstand genommen" bedeutet: keine Bedenken
[3] [KvR] Mit Wittrung bezeichnet man speziell hergestellte Duftstoffe als Lockmittel für die Fangjagd.

Inhaltsverzeichnis

Erste Abteilung

Die Wild-Jagd

Erste Abteilung
Die Wild-Jagd

Zur pfleglichen Behandlung einer Jagd gehören hauptsächlich die richtige Auswahl der Jagdmethoden sowie die zweckmäßige Ausführung derselben. Bei Auswahl einer von den Jagdmethoden, die hinten näher beschrieben sind, kommt es am meisten auf die Wildgattung an; ferner aber noch auf die Witterung, Jahreszeit, Tageszeit und schließlich auf den ganzen Zweck der Jagd. Der Zweck einer Jagd, d.h., Wild zu erlegen, lässt sich aber oft durch Anwendung ganz verschiedener Methoden erreichen, und hierzu soll der gute Jäger diejenige Jagdmethode wählen, bei deren Betrieb der Wildbestand am wenigsten beunruhigt wird, und bei der auch am wenigsten zu befürchten ist, dass Wild angeschossen und zu Holz geschossen[4], oder dass aus Versehen und Übereilung Mutterwild statt männliches Wild geschossen werden könnte. Von unseren Jagdmethoden steht in dieser Beziehung der Anstand oben an; außerdem kann auch der Pirschgang sehr empfohlen werden, wenn auch bei ihm schon eine geringe Beunruhigung des Wildes nicht zu vermeiden ist, weil der Jäger auf dem Pirschgang das Wild auf seinen Lieblings- und Ruheplätzen aufsuchen und auch in den meisten Fällen beunruhigen muss.

---

[4] [KvR] „zu Holz schießen" bedeutet ein Stück Wild anschießen, das dann flüchtig abgeht, und man dieses auch auf ausdauerndes Nachsuchen nicht finden kann.

Von der zweckmäßigen Ausübung der richtig gewählten Jagdmethode hängt nun noch am meisten ab. Es ist nicht nur erforderlich, dass der Jäger die betreffende Jagd gründlich zu betreiben verstehe, sondern er muss auch diejenigen Eigentümlichkeiten der Wildgattungen genau kennen, die hierauf Bezug haben. Er muss so recht in die Geheimnisse der Natur des Wildes und des Waldes eindringen, und immer bestrebt sein, seine Kenntnisse in dieser Beziehung zu bereichern.

Erster Abschnitt

Von den Jagdmethoden

1. Der Anstand

Der Anstand lässt sich als eine Jagdmethode empfehlen, die alle guten Eigenschaften in sich vereinigt und oft mit dem schönsten Erfolg gekrönt wird. Nebenbei bietet der Anstand die beste Gelegenheit, um das Wild in seiner Lebensweise näher zu beobachten und kennen zu lernen, und mancher interessante Vorfall und manche dem Laien rätselhafte Erscheinung ergötzen dabei den lauschenden Jäger.

Wenn man den Anstand betreiben will, sucht man sich durch Abspüren der Wege, Gestelle etc. genaue Kenntnis zu verschaffen, in welchen Dickungen das zu erlegende Wild seinen Stand hat und wohin und genau auf welcher Stelle es aus seinen Dickungen herauswechselt, um abends auf die Äsung zu ziehen.

Der tüchtige Jäger muss übrigens in dieser Beziehung immer orientiert sein; er muss immer wissen, wie viel Wild im Revier steht, wie stark es ist, ob männliches Wild oder Mutterwild, wo es steht und wohin es zur Äsung wechselt. Wenn nun dem Jäger der Wechsel bekannt ist, so kommt es darauf an, einen Ort zum Anstand auszuwählen, wo man das Wild frei hat, wo man selbst gedeckt steht, wo das Wild langsam vorbeizieht und so früh kommt, dass man noch Büchsenlicht oder überhaupt noch Licht hat; ferner muss der Wind gutstehen, d.h., er muss von der Seite kommen, von welcher man das Wild erwartet. Am zweckmäßigsten setzt man sich 20 Schritte seitwärts vom Wechsel ganz gedeckt hin. Man baut sich, wenn keine natürliche Deckung vorhanden ist, aus Reisern[5] einen Schirm, darf aber hierbei, besonders auf Rotwild, keine großen Veränderungen vornehmen. Der Schussbereich muss ganz frei sein und darf nicht durch überhängende Zweige verfinstert werden, weil sonst das Büchsenlicht zu früh ausgeht. Findet man an einem solchen Ort einen Baum, der sich leicht besteigen lässt, so ist es vorteilhaft, sich auf denselben zu platzieren, was beim Anstand auf Hochwild sehr anzuraten, und bei nicht günstigem Wind, oder wenn sich der Wind wirbelt, auch notwendig ist. Kann man den Anstand an einem solchen Ort öfter exerzieren, so richtet man sich auf dem Baum ein bequemes Plätzchen ein. Das Tabakrauchen ist nur bei sehr gutem Wind und wenn man auf einem Baum sitzt, zulässig; es dürfen dabei aber keine Wolken geblasen werden, die sich von fern markieren und vom Wild leicht gesehen werden.

Wenn der Wald des Abends durch Holzsammler usw. beunruhigt wird, verlässt das Wild erst spät seine Dickung, so dass man dann nicht mehr Licht genug zum Schießen hat. An solchen Orten zieht man den Morgenstand dem Rückwechsel vor, und stellt sich dann am besten dicht vor dem Auf-

---

[5] [KvR] Reiser sind dünne, frisch abgeschnittene Zweige.

4

enthaltsort des Wildes an, weil es hier beim Zurückwechseln des Wildes schon am hellsten ist. Beim Abendanstand auf Hochwild begibt man sich eine halbe Stunde vor Sonnenuntergang auf seinen Posten und verlässt ihn, falls das Wild nicht kommen sollte, ganz geräuschlos erst dann, wenn es vollkommen dunkel geworden ist. Beim Morgenanstand muss man schon vor Tagesgrauen am Wechsel sein, und darf erst eine Stunde nach Sonnenaufgang denselben verlassen.

Man muss sich natürlich auf dem Anstand ganz lautlos verhalten und jede Bewegung vermeiden. Der Hirsch hat, wie man ganz richtig sagt, an jedem Haar ein Auge; er zieht ganz sachte bis an den Saum der Dickung, und äugt, sichert und windet dort erst lange, ehe er aus der Dickung heraustritt. Das Nähere über den Anstand ist noch bei den einzelnen Wildgattungen hervorgehoben worden.

2. Der Pirschgang

Der Pirschgang bietet ebenso wie der Anstand Gelegenheit, seinen Schuss mit gehöriger Ruhe und Überlegung auf ein zweckentsprechendes Stück Wild abgeben zu können. Der Pirschgang ist eine Beschäftigung, bei der sich der junge Jäger so recht zum tüchtigen Jäger ausbilden kann, und den auch jeder Jäger als Bildungsschule betrachten und fleißig betreiben sollte. Man belauscht auf dem Pirschgang die Natur und das Wild; man schärft dabei Aug und Ohr und erlangt mit der Zeit jenen Scharfblick, der den Jäger vor allen übrigen Menschen kennzeichnet, und der auch zu den unentbehrlichsten Eigenschaften des Jägers gehört. Man stählt und stärkt auf dem Pirschgang Leib und Seele, und gewöhnt sich nach und nach an Strapazen und Entbehrungen, die bei manchen andern Jagdmetoden und überhaupt im Leben des Jägers gar oft vorkommen und gefordert werden müssen. Nebenbei erlangt man beim Schleichen Körpergewandtheit, man lernt sich leicht orientieren und lernt endlich den Stand und Wechsel des Wildes am besten dabei kennen.

Wenn es laut ist im Wald, d.h., wenn durch starken Wind und Regen Geräusch verursacht wird, lässt es sich am besten pirschen; ebenso wenn nach einem Regen die dürren Zweige angefeuchtet und biegsam geworden sind und nicht knacken. Der Wind muss immer von vorn kommen; man schleicht behutsam diejenigen Bestände ab, wo man Wild vermutet und benutzt dazu krumme Wege, die man sich bei öfteren Gebrauch vom Knack[6] reinigt; man schleicht in den Dickungen von Blöße zu Blöße, bleibt augenblicklich stillstehen, sobald man Wild erblickt, und sucht sich erst dann vorsichtig auf Schussweite zu nähern, wenn einen das Wild noch nicht bemerkt hat, was man daran erkennt, wenn das Wild ruhig weiter äßt, oder die Gehöre bewegt und sich die Fliegen abwehrt; im andern Fall, wenn das Wild den Kopf in die Höhe hebt und sichernd stehen bleibt oder sonst Misstrauen und Unruhe an seinen Bewegungen zeigt, bleibt man stillstehen.

Wenn das Wild sehr vertraut ist, trifft man es häufig auch bei Tag außerhalb seiner Dickungen; sonst aber nur des Morgens und Abends bald früher bald später. Nach einem starken Regen auch des Vor- und Nachmittags. Wenn die Äsung knapp ist, und in der Brunftzeit verlässt es gegen Abend früher seine Dickung und kehrt auch des Morgens später in dieselbe zurück, während es in der Feistzeit[7], oder

---

[6] [KvR] Reinigung des Pirschweges von herabgefallenen Ästen, Zweigen usw. damit dieser möglichst frei von „Knack" Geräuschen begangen werden kann.

[7] [KvR] Als Feistzeit bezeichnet man grob die Zeit vom Fegen bis zum Beginn der energiezehrenden Brunft. Sie dient Rehböcken und Hirschen dazu, genügend Fettreserven anzusetzen, um bei der Fortpflanzung genügend Kraft zu haben. Während der Brunft

6

wenn es unruhig ist im Wald, erst spät aus seiner schützenden Dickung hervorkommt. Des Mor-

gens früh ist der Pirschgang in der Regel ergiebiger als am Abend, doch ist er auch gegen Abend zu betreiben und besonders gleich nach einem Gewitter oder Platzregen, wo sich das Wild gern auf die freien Plätze und Blößen begibt, um sich hier zu trocknen.

Der Anzug des Jägers muss dieselbe Farbe haben, wie der Wald. Pirscht man im Winter oder auch im Sommer abwechselnd im Nadelholz und Laubholz, in Schonungen und Stangenhölzern, so tut man gut, sich dazu eines grünen oder dunklen Anzuges zu bedienen, den man ebenso wie die Mütze grau füttern lässt, um den Rock sowohl wie die Mütze sogleich umkehren und die Farbe seines Anzuges ebenso schnell und oft wechseln zu können, wie die Farbe der Bestände sich ändert, die man abschleicht.

Der Mützenschirm muss mit Tuch überzogen sein und darf ebenso wenig wie das Gewehr glänzen. Jagdtasche, Umhängepulverhorn, Schrotbeutel und dergleichen Sachen lässt man am besten zu Hause, weil sie beim Umherkriechen nur hinderlich sind, wohl aber vergisst man das Fangmesser nicht und bewaffnet sich nebenbei noch mit einem guten Fernglas.

3. Das stille Durchgehen einzelner Jäger

Das stille Durchgehen einzelner Jäger ist eine Jagdmethode, bei der sich die Kunst und die Geschicklichkeit des guten Jägers so recht hervortun kann. Es verbinden sich hierbei zwei oder mehrere Jäger, von denen einer in der Dickung leise schleichend das Wild aufsucht und durch ruhiges leises Hin- und Hergehen den übrigen Jägern, die

---

wird deshalb möglichst wenig Zeit mit dem Suchen und Aufnehmen von Äsung vergeudet, um sich ganz der Abwehr von Konkurrenten und dem Beschlagen widmen zu können.
Die Feistzeiten können je nach Höhenlage und Äsungsangebot bis zu zwei Wochen abweichen.

sich auf den bekannten Wechseln vorgestellt haben, zutreibt. Es kommt hierbei hauptsächlich auf die Geschicklichkeit des Treibers an; er darf das Wild nicht flüchtig

machen, er darf sich dem Wild nicht zu sehr nähern und muss sich meist ganz auf sein Gehör verlassen, er muss in großen Bogen das Wild umgehen, wenn es nicht die Richtung auf die Schützen genommen hat. Mit besonderem Vorteil lässt sich diese Jagdmethode übrigens nur in nicht allzu dichten Schonungen, in schwachen Stangenhölzern und im Winter in Laubholzbeständen anwenden, ferner bei Plattfrost[8] oder gefrorenem Schnee, wo man nicht schleichen kann und in der Feistzeit, wo die Hirsche bei Tag ihre Dickung fast nie verlassen.

4. Die Treibjagd

Die Treibjagd lässt sich bei denjenigen Wildarten, die zur Hohen Jagd gehören, nicht mit großem Vorteil anwenden, weil das Wildbret den Schützen meist flüchtig zu Schuss kommt und deshalb oft zu Holz geschossen wird und weil sich auch die Sauen und Rehe nicht gut treiben lassen, wohl aber ist sie für die Niedere-Jagd ebenso zweckmäßig wie interessant.

Die Treibjagd zerfällt:

A. **In Holztreiben**, deren regelrechte und zweckmäßige Einrichtung und Leitung nicht so leicht ist, wie man gewöhnlich glaubt. Der Jagdgeber und Jagddirigent hat seinen Gästen gegenüber Pflichten zu erfüllen, die besonders im Winter bei großer Kälte darin bestehen, dass die Reihenfolge der Treiben so gelegt wird, dass die Schützen nicht zu lange auf die Treiber warten müssen, und dass von einem Treiben zum andern keine unnötigen Umwege gemacht werden. Am besten richtet man die Reihenfolge der Treiben so ein, dass die

---

[8] Frost ohne Schnee

8

Schützen und Treiber von einem Treiben zum andern gleich lange Wege haben, oder dass die Treiber stehen bleiben, während die Schützen vorgehen. Von der An-

zahl der Schützen hängt die Anzahl der Treiber und die Größe der Treiben ab, man rechnet auf einen Schützen meist 2—3 Treiber. Bei Plattfrost, in nicht zu dichten Beständen und im Laubholz genügen 2 Treiber; wenn nur auf Fuchs getrieben wird noch weniger. In Dickungen dagegen müssen mindestens 3 Treiber auf einen Schützen gerechnet werden. Die Schützen stellt man gewöhnlich 80 Schritt auseinander, so dass sie noch zusammenschießen können. Junge, hitzige, unvorsichtige Schützen stellt man womöglich so, dass sie beim allerbesten Willen niemanden zu treffen vermögen.

Vor Beginn der Jagd entwirft man sich einen gehörig durchdachten Jagdplan, wobei hauptsächlich der Wind zu berücksichtigen ist. Man fängt mit dem ersten Treiben meist an der Reviergrenze an und rückt dann nach der Mitte hin vor. Die Richtung der Treiben hängt vom Wind und davon ab, wohin sich das Wild erfahrungsmäßig am besten treiben lässt. Im raumen Holz, auf ganz jungen noch nicht geschlossenen Schonungen und auf dem Feld darf man bei Hasen die Windrichtung in Notfällen außer Acht lassen. Fuchstreiben richtet man möglichst groß ein. Die Schützen müssen sich ganz geräuschlos anstellen und werden, wenn sie nicht ausreichen um ein großes Treiben zu besetzen, nur auf die Fuchsposten (wo zwei Dickungen aneinanderstoßen) angestellt.

Die Schützen werden auf größeren Jagden nummeriert und dann in ihrer Nummernfolge so angestellt, dass beim ersten Treiben Nr. 1, beim nächsten Treiben Nr. 2 usw. auf dem Flügel den ersten Posten erhält. Auf schmalen Wegen oder Gestellen zwischen zwei Dickungen stellt man die Schützen, um

Unglück zu verhüten, mit dem Rücken oder besser mit dem Gesicht dicht an

das Treiben, so dass sie erst dann schießen können, wenn das Wild schon die Schützenlinie passiert hat. In keinem andern Fall aber dürfen die Schützen unmittelbar mit dem Rücken oder mit dem Gesicht an das Treiben gestellt werden, weil sie in dieser Stellung das Herankommen des Wildes nicht wahrnehmen können, wenn nicht etwa raschelndes Laub oder lauter Schnee vorhanden ist. Auf Schnepfen und Birkwild werden Schützen, die mit dem Rücken gegen das Treiben stehen, auf einem schmalen Gestell nie fertig werden. Wenn es die Umstände irgendwie gestatten, stellt man die Schützen etwas ab vom Treiben, damit sie das Wild schon herankommen sehen und sich fertig machen können, ehe es die Schneise passiert. Bei einer genügenden Anzahl Schützen besetzt man auch den Haken, besonders wenn erfahrungsmäßig bei einzelnen Treiben das Wild gern dort ausbricht. Beim Mangel an Schützen bildet man in solchen Fällen einen Haken von Treibern, die sich in ihrem richtigen Verhältnis vor der Treiberlinie zu beiden oder zu einer Seite des Treibens vorbewegen. Vor dem Anstellen der Schützen muss denselben gesagt werden, nach welchem Flügel hin die Folge ist, d.h., wo nach Beendigung des Treibens gesammelt werden soll.

Die Treiber werden unter Kommando eines vollkommen lokalkundigen Jägers und mehrerer Führer gestellt, welche letzteren auf die Flügel und in der Mitte der Treiberlinie verteilt werden. Das Anstellen der Treiber geschieht ohne allen Lärm. Auf das von dem Führer der Schützen gegebene Signal gibt der Führer den Treibern das Zeichen zum Antreiben, nach dem vorher den Treibern bestimmt gesagt worden ist, ob sie laut oder ruhig treiben und wo sie sich nach Beendigung des Treibens sammeln sollen. Die Treiberlinie rückt langsam und in gehöriger Ordnung vor. Die Führer, welche in der ganzen Linie verteilt sind, lassen bei entstehender Unordnung die Treiberlinie halten und benutzen besonders Gestelle, die von der Treiberlinie überschritten werden, zur Wiederherstellung der Ordnung, indem sie hier halten lassen, bis die ganze Linie wieder gehörig geregelt ist. In Dickungen und bei großen Treiben ist die Aufrechthaltung der Ordnung in der Treiberlinie nicht leicht, während doch der ganze Erfolg der Jagd von dem guten Treiben abhängt. Die Figur des Treibens trägt viel zur Erleichterung bei, man wählt deshalb meist immer regelmäßig viereckige Figuren und instruiert die Flügeltreiber recht genau, wo sie gehen sollen. Wenn es bei den Schützen tüchtig knallt und gegen Ende des Treibens, muss langsam und in bester Ordnung vorgerückt werden. Die Treiber dürfen nie zu früh antreiben und auch nie die Schützen unnütz warten lassen. Bei großem Sturm und wenn das von dem Führer der Schützen gegebene Signal bei den Treibern nicht gehört werden kann, verabreden sich die beiden Führer der Schützen und Treiber eine Zeit, wann das Treiben beginnen soll. Beide Führer müssen genau wissen, wo der rechte und linke Flügel der Schützen steht und umgekehrt, wo die beiden Flügeltreiber gehen.

Die Schützen haben dem Jagdgeber gegenüber auch ihre Verpflichtungen; sie müssen sich, hauptsächlich bei Fuchstreiben, recht ruhig verhalten, und wenn es bei gefrorenem Laub oder Schnee laut und hellhörig ist, dürfen sie nicht unmittelbar am Treiben heruntergehen, sondern müssen sich auf Umwegen ihren Posten nahen. Sie dürfen ihren Posten nicht eigenmächtig verändern und nicht eher verlassen, bis das Treiben zu Ende ist. Auf seinem Posten angekommen, sucht sich der Jäger erst seinen Nebenmann, um zu wissen, in welcher Richtung er nicht schießen darf, dann macht er sich seinen Stand zurecht, indem er den etwa vorhandenen Schnee und das knisternde Laub wegscharrt, einzelne ihm im Wege hängende Reiser leise abschneidet oder weg biegt und sich dann die Distanzen bestimmt, bis wie weit er noch schießen will oder sich den Fleck ausspäht, wo er besonders im sehr kupierten Terrain[9] abdrücken will. Nachdem all dies geschehen [ist], erwartet der Jäger mit Gewehr unterm Arm[10], welches übrigens schon bei Ankunft auf dem Posten gespannt werden muss, regungslos das Wild. Bei der Wahl des Standes bietet eine vorhandene Deckung einen wesentlichen Vorteil, doch stellt man sich nie gern hinter einen Baum, hinter welchem man nicht vorsehen kann; besser ist es, sich gerade davor zu stellen, man darf dann aber nicht auffallend gekleidet sein. Wenn sich die Treiber den Schützen schon zu weit genähert haben, darf nicht mehr in das Treiben hineingeschossen werden. Man muss es überhaupt zu vermeiden suchen, spitz von vorn auf Wild zu schießen.

Angeschossenem Wild darf nur nach Beendigung des Treibens, und wenn es zurückgegangen ist, ohne Genehmigung des Jagdgebers auf einige hundert Schritte gefolgt werden, nie aber wenn es in ein neues Treiben hineingegangen ist. Stets aber muss der Anschuss verbrochen werden, d.h., man legt einen frisch abgebrochenen Zweig darauf, der mit dem Stammende nach der Richtung hinzeigen muss, nach welcher das angeschossene Wild weiter gegangen ist; die untere Seite der Blätter dieses Zweiges muss nach oben gekehrt sein, damit sich derselbe von fern gut

---

[9] [KvR] Hier im Sinn von ausgeholztem Waldstück gebraucht.
[10] *) Wenn die Annäherung des Wildes nicht schon von fern wahrgenommen werden kann, darf das Gewehr nicht unterm Arm getragen werden, sondern man hält es wie bei der Suche mit beiden Händen zur sofortigen Abgabe des Schusses bereit.

markiert. Geschossenes Wild darf während des Treibens nicht nach dem Posten herangeholt werden, mit Ausnahme des Fuchses, den man sich sogleich heranholt.

Zu größeren Treibjagden werden einige Tage vorher auf den besten Ständen Schirme von grünem Reisig gebaut, die den dahinter stehenden Schützen bis an die Brust decken müssen. Wenn es tunlich ist, macht man in Dickungen vor solchen Ständen drei schmale, 2′[11] breite Lücken; eine rechts, eine links und eine geradeaus, was besonders da notwendig ist, wo die Schützen auf schmalen Gestellen stehen, auf denen sie nicht leicht fertig werden, wenn sie nicht schon vorher die Annäherung des Wildes wahrnehmen können.

B. Die Feldtreiben erfordern eine größere Anzahl Schützen und Treiber, weil man sie größer machen muss als die Holztreiben. Wenn den Feldtreiben auch der Reiz der Mannigfaltigkeit und der Abwechslung, Spannung und Überraschung des Holztreibens fehlt, so haben die Feldtreiben doch auch ihr Angenehmes, besonders wenn man z.B. einen Fuchs im Kessel[12] hat.

---

[11] [KvR] Nach der neuen Maß- und Gewichtsordnung vom 16. Mai 1816: §1 Das Grundmaß für sämtliche Preußische Staaten war der Preußische Fuß. 1 Fuß „′" entsprach danach in Preußen 313,85 mm.

[12] [KvR]
1) Der Kessel, auch Kammer ist ein Raum im Kaninchen-, Murmeltier-, Fuchs- und Dachsbau und bezeichnet den eigentlichen Wohnraum.
2) Der Kessel bezeichnet den Schlafplatz einer Rotte Sauen bzw. den Platz, an dem die Bache gefrischt hat (Frischplatz, Frischkessel). Eine einzelne Sau liegt im Lager.
3) Der Kessel ist ein kreisförmiges Gebiet, das bei einem Kesseltreiben umschlossen wird.
4) Der Kessel ist der Ort, an dem eine Kette Rebhühner gehudert hat.
5) Die von Feldhühnern im Schnee ausgescharrte Lagerstätte

13

Die Feldtreiben zerfallen in:

1) Kesseltreiben, bei denen das abzutreibende Stück Feld mit zwei großen Bogenlinien ganz umzingelt und dann auf ein gegebenes Zeichen nach dem Zentrum zu von allen Seiten vorgerückt wird. Die Bogenlinien werden durch Schützen und Treiber gebildet. Die Schützen sind zwischen den Treibern regelmäßig verteilt. An der Spitze beider Bogen geht ein Führer, der vom Jagddirigenten genau zu instruieren ist, wo er gehen soll, um den großen Halbkreis zu schlagen, und wo die beiden Bogen zusammentreffen sollen; wenn dies geschehen ist, wird das Zeichen zum allgemeinen Lostreiben gegeben. Bei dem Kesseltreiben ist

eine große Vorsicht notwendig und muss diese Vorsicht bei Blachfrost[13] verdoppelt werden, wo der Schrot vom hart gefrorenen Boden abspringt und oft in einer ganz anderen Richtung weiter fliegt. Wenn sich der Durchmesser des Kessels bis auf 300 Schritt verkleinert hat, darf niemand mehr in den Kessel hinein schießen, sondern immer erst dann, wenn das Wild die Bogenlinie passiert hat und aus dem Kessel heraus ist.

2) Die Vorstehtreiben auf dem Feld sind ebenfalls größer anzulegen wie im Holz. Die Schützen postiert man hinter kleinen künstlich eingerichteten Schirmen oder in ausgegrabenen Löchern, wenn keine anderen Deckungsgegenstände, wie z.B. Alleebäume usw., vorhanden sind. Wenn es irgendwie möglich ist, so stellt man die Schützen auf Höhenzüge, von welchen sie das Treiben übersehen können. Um das Durchgehen des Wildes durch die Treiber zu verhindern, lässt man einige Schützen mit

---

bezeichnet man als Kessel.
13 [KvR] Blachfrost, oberflächlicher, nach einem Regen eintretender Frost.

den Treibern geben, und muss dies wenigstens auf beiden Flügeln geschehen. Die Treiber müssen bei den Feldtreiben in der größten Ordnung vorrücken. Es dürfen bei den Vorstehtreiben ebenso wenig wie bei den Kesseltreiben Säcke[14] gebildet und auch nicht von Einzelnen vorgelaufen werden. Im Kesseltreiben dürfen die Schützen nicht stehen bleiben, wenn sie geschossen haben, sondern sie müssen im Gehen laden, weshalb sich hierzu jeder Schütze auch fertige Patronen mitzunehmen hat. Die Mündungen der Gewehre werden bei der Treibjagd, und immer wenn mehrere Jäger zusammengehen, hoch getragen.

5. Die Suche

Die Suche wendet man meist nur auf Federwild und auf Hasen an. Die erste Bedingung bei der Suche ist ein guter

---

[14] [KvR] Bedeutet, dass wenn immer möglich in einer Reihe getrieben wird.

Hühnerhund[15], der eine gute Nase haben muss, und immer mit der Nase hoch im Wind, rasch und womöglich im Galopp das Feld absucht, ohne dabei etwas zu übergehen; er muss ferner fest vorstehen, bis der angekommene Jäger ihn zum Avancieren[16] animiert, und muss sehr guten Appell haben, d.h., er muss jeden Ruf und Wink des Jägers befolgen; ebenso muss er aus dem Wasser, sowohl wie aus großer Ferne das Wild apportieren, ohne es zu quetschen und zu beschädigen. Eine gute Anleitung zur Abrichtung und Abführung des Hühnerhundes findet man in Dietzels Fragmenten für Jagdliebhaber, erstes Bändchen.

Die Suche beginnt am besten des Morgens um 8 oder 9 Uhr und kann, bis des Nachmittags um 3 Uhr fortgesetzt werden. Bei sehr warmer Witterung muss man jedoch etwas früher anfangen, um auch früher aufzuhören, weil die Hunde bei großer Hitze gegen Mittag gewöhnlich die Wittrung verlieren. Das beste Wetter zur Suche ist Wärme ohne Sonnenschein mit einem feuchten Westwind. Die Zeit des abnehmenden Mondes soll der Suche günstiger sein, während bei zunehmendem Mond die Treibjagden besser gelingen sollen. Die Richtung der Suche muss immer gegen Wind, oder doch mit halbem Wind genommen werden. Auf Bekassinen sucht man mit Wind, weil die Bekassine mit Wind gesucht ganz gut hält und auch leichter zu schießen ist, da sie dann um den Schützen herumzieht, um nach ihrer alten Gewohnheit gegen Wind fortzustreichen. Suchen mehrere Schützen hinter einem Hund, so muss vorher ausgemacht werden, dass ein jeder nur auf das nach seiner Seite hin herausziehende Geflügel schießen darf.

---

[15] [KvR] Veraltete Bezeichnung für den Vorstehhund.
[16] [KvR] Vorrücken; hier im Sinn von weitersuchen gebraucht.

Zweiter Abschnitt

Von der Anwendung der Jagdmethoden auf die einzelnen Wildgattungen

1. Die Jagd auf Rotwild

Mit dem Abschuss des Rotwilds fängt man im Juni an, nachdem alles Wild gehörig verfärbt hat. Man schießt zuerst Spießer und Gabelhirsche, später Sechsender; stärkere Hirsche jedoch erst im August, wenn der Bast vollkommen vom Geweih abgeschlagen ist, wo dann auch die Feistzeit beginnt, die bis zum 20. September dauert. Während und nach der Brunftzeit, die Ende September beginnt und bis Mitte Oktober dauert, ist es nicht ratsam Hirsche abzuschießen, wohl aber sind zu jener Zeit die alten gelten Tiere am besten. Während des Winters begnügt man sich mit geringen Hirschen.

Der edle Hirsch darf von Rechts wegen nur mit der Büchse erlegt werden, was sich beim tüchtigen Jäger auch von selbst versteht; es darf auch nicht in zu großer Entfernung geschossen werden, das Maximum würden 120 Schritte sein.

Der Anstand lässt sich beim Rotwild am sichersten betreiben, weil dasselbe seinen Wechsel solange regelmäßig hält, als es nicht gestört wird; man nimmt seinen Stand am Wechsel vor großen ruhigen Dickungen, an ruhigen Waldwiesen und an Salzlecken und Suhlen. Die Salzlecken werden besonders im Frühjahr und Vorsommer regelmäßig morgens und abends vom Rotwild angenommen. Man schießt jedoch zu dieser Jahreszeit nicht gern Wild an der Salzlecke, weil der Wildbestand dadurch zu sehr beunruhigt wird. Im Sommer aber, wo nur

17

einzelne Stücke noch die Salzlecke besuchen, können diese dort geschossen werden. Die Suhlen werden vom Rotwild im Sommer an schwülen Nachmittagen aufgesucht, um sich darin abzukühlen. Für den Anstand auf Rotwild kann geräuschloses und regungsloses Verhalten gar nicht genug empfohlen werden. Alles Übrige, was der Jäger sonst noch auf dem Anstand zu beobachten hat, ist vorn gesagt worden. Die Regeln für das Verhalten des Jägers vor und nach der Abgabe seines Schusses sind hinten ganz besonders abgehandelt.

Der Pirschgang auf Rotwild erfordert ein sehr scharfes Gesicht und Gehör. Man schleicht mit der größten Behutsamkeit gegen Wind diejenigen Orte ab, wo man Wild vermutet und nimmt sich in Acht, nicht auf Reiser zu treten oder sonst Geräusche zu verursachen. Wenn man in die Nähe von Blößen kommt, wo das Wild gern steht, so schleicht man ganz langsam und mit verdoppelter Vorsicht, man steckt erst den Kopf behutsam aus dem Dickicht und übersieht zuvor die Blöße, ehe man hinaus tritt. Erblickt man Wild, so sucht man sich demselben gedeckt auf Schussweite zu nähern, und benutzt dazu dicke Bäume, Büsche, Hügel, Gräben usw. Man darf sich jedoch nur dann bewegen, wenn das Wild den Kopf zur Erde gesenkt oder nach einer anderen Richtung hin gewendet hat. Äßt das Wild in der Richtung auf den Schützen zu, so tut man am besten, wenn man sich gedeckt und schussfertig hinstellt oder hinlegt und das Wild auf Schussweite herankommen lässt. Wenn der Wind und das Terrain zu all diesem nicht günstig sind, so schleicht man sich behutsam zurück und versucht auf einer anderen Stelle heranzukommen. Seinen Schuss gibt man am liebsten dann ab, wenn das Wild eine natürliche Stellung angenommen also den

Kopf hoch hat, weil es dann besser schweißt. Alles Übrige siehe vorn, Abschnitt Pirschgang.

Das stille Durchgehen einzelner Jäger ist hauptsächlich in der Feistzeit zu betreiben, wo die Hirsche selten bei Tage ihre Dickungen verlassen. Die sich vorstellenden Schützen müssen guten Wind haben und müssen auch gute Schützen sein, weil sie meist in der Bewegung auf das Wild schießen. Kommt das Wild angetrollt, so dass man auf einer schmalen Schneise seinen Schuss nicht gut anbringen kann, so ruft man es, sobald dasselbe die Schneise passiert, mit einem nicht zu lauten O! an, wobei jedoch die Büchse vollkommen schussfertig am Kopf liegen muss, um auf das stutzende Wild augenblicklich seinen Schuss abgeben zu können.

Treibjagden auf Rotwild sind deshalb nicht ratsam, weil der Wildbestand dadurch zu sehr beunruhigt wird, was gerade das Rotwild am allermeisten übel nimmt; außerdem wird bei denselben viel Wild zu Holz geschossen, welches nachher eingeht und von den Füchsen verzehrt wird. Bei dergleichen Jagden macht man die Treiben recht groß. Die Treiber dürfen keinen Lärm machen und nur durch leises Pfeifen, Husten, Räuspern und Anschlagen an Stangen und Bäume das Wild den Schützen zutreiben, was übrigens beim Rotwild keine Schwierigkeiten macht. Zuletzt mag auch noch das **Pirschfahren** hier seinen Ort finden.

In der Ebene und in Hochwäldern, wo das Wild in lichten Beständen steht, in denen man sich nicht ungesehen nähern kann, setzt man sich auf ein Fuhrwerk, welches dasselbe Ansehen haben muss, wie ein Holzwagen und kreist das Wild ganz langsam fahrend ein, wobei man sich demselben mehr und mehr zu nähern sucht. Der Jäger geht neben dem Wagen und immer gedeckt gegen das Wild. Sobald der Wagen auf Schussweite an das Wild herangekommen ist, bleibt der Jäger hinter einem Baum stehen, um seinen Schuss abzugeben, während der Wagen ruhig weiter fährt. Wenn das Wild nicht fromm genug ist und den Wagen nicht nahe genug herankommen lässt, so stellt sich der Jäger mit gutem Wind und gedeckt in derjenigen Richtung vom Wild auf, wohin dasselbe gern seinen Wechsel nimmt und lässt sich durch den Wagen das Wild zutreiben.

2. Die Jagd auf Damwild

Der Abschuss des Damwildes kann mit Ausnahme der Färbezeit das ganze Jahr hindurch stattfinden, nur während und bald nach der Brunftzeit dürfen die Hirsche wegen ihres ziegenbockähnlichen Geschmacks nicht geschossen werden. Die eigentliche Feistzeit beginnt beim Damwild schon im Juli und dauert bis Anfang Oktober, wo die Hirsche auf die Brunft treten.

Bei hinreichender Äsung hält sich das Damwild das ganze Jahr hindurch feist[17]. Suhlen und Salzlecken werden von ihm weniger besucht und nur in der Brunftzeit suhlen sich die Schaufler öfters.

Die Jagd auf Damwild wird meist ebenso betrieben, wie auf Rotwild. Der Anstand ist nicht ganz so sicher wie bei jenem, weil das Damwild seinen Wechsel nicht so regelmäßig hält als jenes. Dagegen ist der Pirschgang und besonders das Pirschfahren lohnender als beim Rotwild, weil das Damwild seinen Stand lieber in raumen Beständen als in Dickungen nimmt und auch fast zu jeder Tageszeit

---

[17] [KvR]
1. Mit Feist bezeichnet man das Fett, das auf dem Wildbret bei allem Schalenwild ausser bei Schwarzwild (Weisses) unmittelbar unter der Decke liegt.
2. Feist bedeutet bei allem Schalenwild: gut genährt und fett; Ein feister Hirsch ist also ein gutgenährter Hirsch.
3. Das Fett vom Bär nannte man früher auch Feist.
4. Das Fett vom Rotwild wurde früher auch Talg genannt.

umherziehend angetroffen werden kann; außerdem ist dasselbe nicht mit so scharfen Sinnen begabt als das Rotwild, so dass der Jäger sich leichter an das-

selbe heranpirschen kann. Durch ruhiges Treiben lässt es sich leichter zu Schuss bringen als das Rotwild, weil es ängstlicher ist als dieses.

3. Die Saujagd

Die Jagd auf Sauen hat wegen der damit verbundenen Gefahr einen außergewöhnlichen Reiz für den Jäger. Sie erfordert nicht allein Geschicklichkeit und Gewandtheit, sondern in manchen Fällen auch Mut. Die Feistzeit fällt bei den Sauen im Oktober, November und Dezember. Von den Jagdmethoden sind am zweckmäßigsten anzuwenden:

Der Anstand etwas zeitig vor Sonnenuntergang an Dickungen, in welchen die Sauen den Tag über stecken, auf dem Wechsel mit sehr gutem Wind, weil Geruch und auch Gehör beim Schwarzwild äußerst scharf sind, während das Gesicht[18] besonders nach vorn schlecht ist. Solang das Schwarzwild nicht beunruhigt wird, hält es regelmäßig seinen Wechsel und auch die Zeit, wann es seine Dickung verlässt, um die Felder zu besuchen; in diese kommt es erst spät, so dass man hier den Anstand nur bei Mondschein betreiben kann. Wenn die Kartoffeln zu reifen anfangen, besucht das Schwein gern die Kartoffelfelder; man gräbt sich dann im Kartoffelkraut am besten ein Loch, in welchem man gedeckt sein und guten Wind haben muss. Ein scharf schießendes Doppelgewehr, mit Kugeln geladen, tut einem beim Mondschein, wo man doch nur auf kurze Entfernung schießen kann, die besten Dienste. Man lädt am besten das eine Rohr mit 2 Kugeln, die man vorher an ihren

---

[18] [KvR] Hat hier die Bedeutung von Gesichtssinn und bezeichnet die Fähigkeit, sich mit Hilfe von Augen oder Lichtsinnesorganen in der Umwelt zu orientieren oder auf Bewegungen zu reagieren.

Abkniffen platt abschneidet und dann mit den graden Flächen zusammenpasst. In das andere Rohr lädt man gewöhnlich Posten oder sehr starken Schrot, um auf ganz nahen Distanzen damit zu schießen.

Der Pirschgang ist ebenfalls auf Sauen mit Vorteil zu betreiben, weil sie oft schon des Nachmittags, wenn die Sonne noch am Himmel steht, ihre Kessel verlassen, um in den Schonungen auf den Blößen zu brechen. Sieht man ein Schwein auf dem Bruch stehen, d.h., wenn es wühlt, so sucht man sich mit gutem Wind gerade von vorn oder spitz von hinten auf Schussweite zu nähern. Man braucht dabei nicht so sehr auf Deckung zu sehen, wohl aber muss man jedes Geräusch vermeiden und augenblicklich stehen bleiben, wenn das Schwein den Kopf hoch nimmt. Bewegt sich das im Bruch stehende Schwein in der Richtung auf den Jäger zu, so bleibt derselbe ruhig stehen und lässt es auf Schussweite herankommen. Beim Anschleichen von der Seite her muss man gedeckt sein, weil die Sehkraft des Schweines nach der Seite hin scharf genug ist, um den frei stehenden Jäger zu erkennen. Wenn im trocknen Laub ein geräuschloses Anschleichen unmöglich ist, so zieht man sich die Stiefeln aus und schleicht auf den Strümpfen heran.

Das Ankriechen an den Kessel bei frischem und nicht lautem Schnee erfordert Ausdauer und lässt sich nur in nicht allzu dichten Schonungen bewerkstelligen. Man nimmt dazu eine frische Fährte an und folgt ihr ohne Aufenthalt, bis sie Wiedergänge und Kreise macht; von da ab schleicht man äußerst vorsichtig weiter und gebraucht die Augen recht scharf, um das ins Lager[19] eingeschobene Schwein zeitig genug zu erblicken. Die aus dem Lager frisch ausgebrochene Erde markiert sich auf dem Schnee gewöhnlich schon von Weitem und

---

[19] [KvR] Eine einzelne Sau liegt im Lager. mehrere im Kessel.

man muss sich nur hüten, diese schwarze Erde für den Schweinskörper anzusehen. Zur Abgabe seines Schusses bemüht man sich erst, das Schwein genau im Lager zu erkennen. Hat sich das Schwein in eine Vertiefung

oder in ein altes Stubbenloch[20] eingewühlt, so wird man nicht leicht ein gutes Abkommen darauf finden; man versucht dann durch leises Pfeifen das Schwein zum langsamen sich Aufrichten zu bringen, muss aber schon vorher das Gewehr an den Kopf genommen haben, um dann sogleich seinen Schuss abgeben zu können.

Die Treibjagd auf Sauen ist selten von gutem Erfolg, da sich die Sauen wenig an die Treiber kehren und aus großen Dickungen gar nicht herauszubringen sind, besonders wenn sie dort gefrischt sind und ihren regelmäßigen Stand genommen haben. Dagegen ist die Jagd mit dem Saufinder sehr zu empfehlen. Es gehört hierzu vor allen Dingen ein Hund, der von Natur ein Feind von den Schweinen ist, und der alles übrige Wild unbeachtet lässt, wenn er einer Saufährte folgt. Gewöhnliche langhaarige Hirtenhunde oder auch starke Dachshunde, die nicht gleich packen, sind häufig am besten hierzu zu gebrauchen. Nach dem man die Sauen eingekreist hat, setzt man den Hund auf die frischeste Fährte und sucht ihm in ungefährer Richtung zu folgen. Bei ein oder höchstens bei zwei Schweinen gelingt diese Jagd gewöhnlich am besten, weil bei einer stärkeren Rotte die Gefahr für den Hund zu groß ist, und weil sich eine stärkere Rotte auch nicht so leicht stellen lässt. Findet der Hund die Schweine, so muss er sie durch seine fortwährenden Angriffe zu stellen, d.h., am Entfliehen zu hindern suchen und dabei laut und

---

[20] [KvR] Stubben bedeutet Baumstumpf. Hier wird mit Stubbenloch ein Loch bezeichnet, das durch einen ausgegrabenen oder stark vermoderten Baumstumpf entstanden ist.

immerwährend bellen. Beteiligen sich mehrere Jäger bei dieser Jagd, so darf nur einer dem Hund folgen, während die anderen in jedem Fall außerhalb der Dickung auf den Wechseln stehen bleiben. Sobald nun der Hund das Schwein stellt, sucht der Jäger so schnell als möglich mit gutem Wind heranzukommen, muss aber in der Nähe des Schweines ganz behutsam schleichen

und sich beim Schießen in Acht nehmen, den fortwährend um das Schwein herumspringenden Hund zu verletzen. In sehr dichten Schonungen ist für den Hund Gefahr vorhanden, von den Sauen totgeschlagen zu werden, weil er hier den Schlägen derselben nicht schnell genug ausweichen kann, außerdem kann auch der Jäger hier seinen Schuss nicht leicht anbringen. Bei frischem Schnee ist diese Jagd am meisten mit Vorteil zu betreiben.

4. Die Jagd auf Rehe

Der Anstand und der Pirschgang sind auch beim Reh am meisten anzuraten.

Den Anstand betreibt man im Dezember, Januar und Februar an Schlägen mit Aspenwurzelbrut[21] und Brombeergesträuch, ferner am Winterraps; im Frühjahr an der Wintersaat, später an Waldwiesen, Sommergetreide, Klee; vom Juni ab bis zum Herbst an Schlägen; zu der Zeit des Verfärbens, im Frühjahr, an Salzlecken. Man muss beim Anstand guten Wind haben und kann sich auf Wechsel und Zeit nicht so bestimmt verlassen, wie beim Rotwild. Der Abendanstand ist meist sicherer als der Morgenanstand.

Auf dem Pirschgang schleicht man die jungen Kulturen und in Schonungen die Blößen ab, wobei man auch auf

---

[21] [KvR] Die Aspenwurzelbrut eignet sich für die Neuanlage von Vorwald, Wildverbissflächen und Brandschutzstreifen. Die Aspe ist auch unter dem Namen Zitterpappel bekannt.

guten Wind achten muss. Auf Treibjagden viele Rehe mit Schrot schießen zu lassen, ist nicht ratsam, weil hierbei häufig Rehe zu Holz geschossen werden. Die Rehe lassen sich überhaupt nicht gut treiben und gehen meist durch die Treiber oder halten ihre Seitenwechsel, weshalb man auch bei einer solchen Treibjagd immer die Seiten und Rückwechsel der Rehe besetzen muss. Die Treiber dürfen nur durch Husten und Pfeifen Geräusch verursachen und müssen ganz langsam treiben. Im Sprung (Rudel) Rehe ist

[Seite 25] Die Jagd auf Rehe

der Bock immer hinten. Man erkennt den Bock, wenn er sein Gehörn abgeworfen hat am sichersten am Pinsel, ferner hat er einen kürzeren Hals, dickeren Kopf, eine gedrungene Gestalt, stolzere Haltung und hinten einen weißeren Spiegel[22] als die Ricke, die man von hinten leicht an der herabhängenden Schürze erkennen kann.

Das Rehblatten wird in der Brunftzeit, im Juli und August, betrieben, wo der Bock vormittags von 10 Uhr ab bis nachmittags am besten aufs Blatt springt. Man nimmt zum Blatten am sichersten eine Pfeife, auf der man hier und da im Revier, wo man einen Rehbock vermutet, den piependen Ton eines Schmalrehs nachahmt, gibt gewöhnlich von 2 zu 2 Minuten 3 bis 4

---

[22] [KvR] Spiegel Rehwild

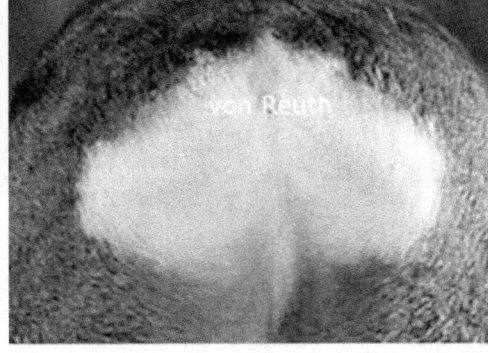 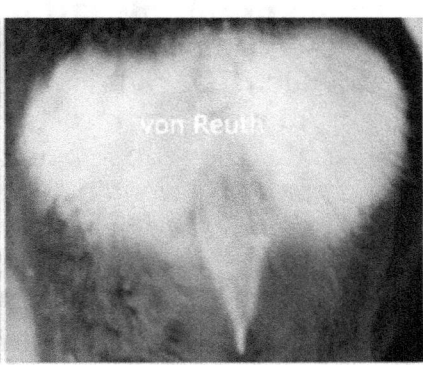

Rehbock   Rehgeiss

Stöße und wiederholt dies auf jedem Stand mehrere Male. Der Ton muss sanft gezogen sein und darf nicht schreien. Gewöhnlich kommt der Bock schnell herangestürzt, mitunter kommt er auch ganz vorsichtig angeschlichen. Oft erscheint auch statt eines Bockes eine alte Ricke, so dass der Jäger auf alle Fälle gefasst sein muss. Hat man es mit sehr schlauen, vorsichtigen Böcken zu tun, so verbinden sich zwei Jäger, von denen sich der nicht Blattende etwas weiter in die Dickung hineinstellt, um den sacht heranschleichenden Bock dort zu erlegen. Kann man sich nicht ganz geräuschlos nach dem zum Blatten auserwählten Platz hinbegeben, so bleibt man dort erst 5 bis 10 Minuten stehen, ehe man blattet. Bei der Auswahl des Standes zum Blatten muss man darauf sehen, dass man guten Wind hat, dass man gedeckt steht und auch zu beiden Seiten und nach vorn Raum genug zum Schießen hat.

Die Feistzeit der Rehe beginnt im Juni und dauert bis zum November. Der Bock wird während der Brunftzeit schlecht

und bleibt auch noch einige Zeit nach der Brunftzeit schlecht. Der Streit über die wahre Brunftzeit[23] der Rehe hat sich in der neuern Zeit vollkommen aufgeklärt, wenn es auch noch viele alte Jäger gibt, die sich von ihrem alten Glauben nicht trennen können.

Die Brunft, Begattung und Befruchtung der Rehe erfolgt auf Grund vieler, in der neueren Zeit angestellten Ermittlungen und anatomischen Untersuchungen Ende Juli und im August. Nur in dieser Jahreszeit finden sich bei der Ricke reife Eier und beim Bock reifer Samen, die zur Befruchtung notwendig sind. Bald nach der Begattung verlässt das Ei den Eierstock, tritt in den Eileiter und kommt

---

[23] [KvR] Während im Flachland die Hauptbrunft zwischen Mitte Juli und Mitte August abläuft, verschiebt sie sich bei zunehmender Höhenlage und weiter gegen Osten nach hinten.
Eine Ricke ist drei bis vier Tage brunftig.

hier mit dem Samen in Berührung und wird befruchtet. Nach einigen Tagen geht das 1/12 Linie[24] große Ei durch den Eileiter hindurch und gelangt in die Gebärmutter, woselbst es beinahe 4 ½ Monate, bis Mitte Dezember, ganz unverändert ruht, und dann aber mit derselben Schnelligkeit wie bei allen übrigen Säugetieren sich entwickelt, so dass die Geburt 40 Wochen nach erfolgter Befruchtung vor sich geht.

Die Ruhe des Eis in der Gebärmutter von der Befruchtung bis Mitte Dezember war es, die unsere Anatomiker[25] bisher zu dem Glauben verleitete, die Augustbrunft könne nicht die richtige sein; sie übersahen bei allen Untersuchungen das kleine befruchtete Ei in der Gebärmutter und bestärkten fälschlicherweise unsere alten Jäger in ihrem Glauben, dass die wahre Brunft im Dezember und nicht im August stattfinde, weil ja auch sonst, wie die alten Jäger allerdings ganz richtig sagten, das kleinere Reh länger beschlagen ginge, als das viel stärkere Elch-, Rot- und Damwild, was doch gegen alle Naturgesetze sei. Das Geheimnis, welches die Natur noch immer über die 4 ½-monatliche Ruhe des Eies bewahrt, wird von unseren Anatomikern wohl noch ganz

---

[24] Eine Linie = 12 Skrupel = 24,3214 mm
[25] [KvR] Zur damaligen Zeit verstand man unter einem Anatomiker, einen Naturforscher, der sich damit beschäftigte, organische, tierische u. menschliche Körper zu anatomiren, d.h., Körper zu wissenschaftlichen Zwecken zu zerlegen und die Gliedmassen, den Rumpf sowie die Innereien nach Wissenschaftlichen Kriterien zu untersuchen.

entschleiert werden, denn jedenfalls muss ein besonderer wichtiger Grund vorhanden sein, weshalb das befruchtete Ei 4 ½ Monate lang schlummert und sich nicht im Geringsten weiter ausbildet.

5. Die Hasenjagd

Die Hasenjagd beginnt mit Aufgang der Hühnerjagd, Ende August oder Anfang September, und dauert bis Ende Februar, wo die Jagd gewöhnlich geschlossen wird. Das viele Schießen von Hasen gleich bei Aufgang der Jagd vor dem Hühnerhund ist für die Konservierung einer guten Jagd sehr nachteilig, weil man zu jener Zeit in den Kartoffelstücken meist nur Mutterhasen findet, während der Rammler in der Stoppel oder auf dem Sturzacker[26] sitzt und auch bei seiner größeren Scheuigkeit früher entflieht. Von den mannigfaltigen Jagdmethoden auf Hasen ist der Anstand im zeitigen Herbst und im frühen Frühjahr, wo die Hasen rammeln, am zweckmäßigsten, weil man dann im Stande ist, die immer vorangehende Häsin zu schonen, während man den hinten folgenden Rammler schießt.

Der gute Jäger muss bei allen Jagdtieren darauf Bedacht nehmen, das weibliche Geschlecht nach Möglichkeit zu schonen, was bei den Hasen ganz besonders notwendig ist, weil die Mehrzahl eines Satzes gewöhnlich männlichen Geschlechts, mithin also das weibliche Geschlecht schon von Natur in der Minderzahl da ist. — So weit es die Umstände gestatten, muss daher bei allen Jagdmethoden Bedacht darauf genommen werden, die Häsinnen möglichst zu schonen. Es ist dazu nötig, dass der Jäger den Rammler von der Häsin zu unterscheiden vermag, was übrigens keine leichte Aufgabe ist, und nur durch vielfältige Übung erlernt werden kann. Wenn der Rammler aus dem Lager fährt,

---

[26] [KvR] Umgepflügter Acker

28

so kennzeichnet er sich besonders durch das bekannte Schnalzen mit der Blume[27], außerdem trägt er das Hinterteil gewöhnlich schief und läuft flüchtiger als die Häsin. Auch bei der Häsin kommt es zuweilen vor, dass sie während der 4 — 6 ersten Sprünge vom Lager aus die Blume hoch trägt und sogar auch einige Male mit derselben schnalzt, nie aber setzt sie dieses Schnalzen fort, wie es der Rammler tut, sondern drückt später hin die Blume fest an den Leib, weshalb auch ihre Blume länger zu sein scheint wie die des Rammlers.

Beim Anstand setzt man sich abends und auch morgens an die Pässe, die sich leicht an den vom Gras gereinigten Steigen erkennen lassen. Bei großer Kälte und bei tiefem Schnee rückt der Hase des Abends früher ins Feld. Auf isoliert liegen den Winterrapsfeldern ist der Anstand im Winter bei mondhellen Nächten besonders ergiebig, wenn sich bei Schnee die Hasen von allen Seiten auf diesem einen Rapsstück versammeln. Man gräbt sich zu diesem Anstand auf dergleichen Felder tiefe Löcher, baut sich außerdem noch einen kleinen Schirm von Reisern und nimmt bei großer Kälte zum Wärmen der Füße einen Sack voll Häcksel[28] mit, in welchen man die Füße hineinsteckt.

Die hinten beschriebenen **Federlappen** lassen sich beim Anstand auf Hasen mit großem Vorteil anwenden, man stellt zum Abendanstand die Lappen mit dem Sonnenuntergang 20—25 Schritt von der Waldlisiere[29] entfernt. Die Federlappen müssen 1 ½´ hoch von der Erde hängen. Alle 100 — 150 Schritt unterbricht man die Lappen so, dass hier eine 20 — 30 Schritt breite Lücke entsteht, auf welcher sich ein Schütze postiert,

---

[27] [KvR] Mit Blume bezeichnet man den Schwanz des Hasen und des Kaninchens.
[28] [KvR] Hier sind nicht Holzhäcksel sondern kurz geschnittenes Heu und Stroh gemeint.
[29] [KvR] Waldrand

29

der natürlich gedeckt stehen und guten Wind haben muss. Beim Morgenanstand stellt man die Federlappen des Nachts um 11 Uhr oder des

Morgens vor Tage 5 — 10 Schritte von der Dickung entfernt auf, wobei übrigens jedes Geräusch zu vermeiden ist. Wenn es anfängt zu tagen, kommen die Hasen aus dem Feld zurück und laufen längs der Lappen herunter, um eine Lücke zu suchen. Man darf aber die Lappen weder zu hoch noch zu niedrig hängen, weil die Hasen sonst darunter durchlaufen oder darüber hinweg springen. Die Federlappen müssen deshalb bei Hasen und auch beim Fuchs genau 1 ½´ hoch von der Erde entfernt aufgehängt werden, d.h., der Bindfaden, an welchem die Federn festgebunden sind, muss 1 ½´ hoch von der Erde an kleinen Stäben befestigt werden. Siehe hinten die Beschreibung der Federlappen.

Die gewöhnlichste Jagd auf Hasen ist die **Treibjagd** im Monat November, Dezember und Januar bei trockenem und kaltem Wetter. Bei seinem scharfen Gehör und weniger scharfen Gesicht und Geruch ist der Hase sehr scheu und furchtsam und lässt sich deshalb leicht treiben. In Notfällen kann man den Wind beim Treiben außer Acht lassen, muss dann aber die Schützen beim Treiben einer Dickung so weit wie möglich davon abstellen, damit der Hase, wenn er langsam bis an den Saum der Dickung vorgekrochen kommt, dort nicht Wind von den Schützen bekommen kann; ist er erst im Freien auf der Flucht, so achtet er wenig auf den Wind und läuft oft bei ganz schlechtem Wind gerade auf den Schützen los. Bei weichem Wetter und an den Tagen, wo der Hase nicht gut läuft, müssen die Treiben kurz gemacht werden. Die Treibjagden auf dem Feld dürfen nur bei Frost angestellt werden, damit die Wintersaat nicht beschädigt wird.

Die Schützen stellt man womöglich auf eine Anhöhe, weil der Hase am liebsten bergan läuft, und weil von hier aus auch die Schützen das ganze Treiben übersehen können und mehr Ver-

gnügen haben. Der Wind braucht bei den Feldtreiben nicht so sehr berücksichtigt zu werden, besonders wenn die Treiber sehr dicht gehen.

Bei den **Kesseltreiben** dürfen weder die Schützen noch die Treiber stehen bleiben oder niederkauern, wenn der Hase auf sie zukommt. Es darf auf einen im Kessel krankgeschossenen Hasen nie ein Hund losgelassen werden, solange der Hase im Kessel bleibt.

Bei der Treibjagd auf Hasen schieße man auf dem Feld nie über 45 Schritte und im Wald nie über 35 Schritte weit, weil hier zu leicht angeschossene Hasen verloren gehen. Bei Kesseltreiben kann man, solange die Hasen im Kessel sind, etwas weiter schießen. Alles Übrige ist schon vorn im Kapitel „Treibjagden" gesagt worden.

Die Suche bei offenem, weichem Wetter, bei Regen, Nebel und stillem, warmen Sonnenschein, wo die Hasen am besten halten, ist wegen des oben angeführten Grundes nur im Oktober, November und Dezember zu empfehlen. Man sucht mit dem Hühnerhund, in der Zeit von 10 bis um 2 Uhr, den Sturzacker, die Wintersaat, die Stoppeln und die Remisen[30] kurz ab und lässt, wenn die Hasen nicht halten, die Hunde ganz zurückbleiben. Auf Sturzacker

---

[30] [KvR] Remise hat heutzutage zwei Bedeutungen:
1. Die Bezeichnung wird hier gebraucht für eine vorwiegend aus Eichen bestehende Gehölzgruppe, die dazu geeignet ist, dem Weidevieh als Unterstand zu dienen.
2. Die Remise bezeichnet aber auch ein Wirtschaftsgebäude, das in der Regel an der rückwärtigen Grundstücksgrenze für Fahrzeuge oder Geräte errichtet wurde.

hält der Hase besser, wenn man quer über die Furchen geht und ebenso, wenn man sich ihm von vorn naht, wobei man sich nach einem aufgefundenen Lager richten kann, da die neuen Lager meist alle nach einer Richtung angelegt sind.

Bei der Suche auf leeren Feldern oder auf Saatfeldern muss sich der gute Jäger befleißigen, jeden Hasen schon vor dem Herausfahren im Lager sitzen zu sehen, ohne ihn übrigens im Lager zu schießen. Hierzu muss man sich besonders die Form und Gestalt

des Kopfes einprägen, woran man ihn am leichtesten erkennen kann. Man darf aber, wenn man etwas einem Hasen Ähnliches sieht, nie stehen bleiben, ebenso wenig darf man umkehren, sondern man geht etwas seitwärts und so auf den Hasen zu, dass man ihn zur Linken hat, um mit dem Gewehr schneller fertig zu werden. Hat man sich dem Hasen auf Schussweite genähert, so darf man denselben keinen Moment aus den Augen lassen, weil er sich unterdessen gar zu schnell aus der Schussweite entfernen könnte. Sitzt der Hase sehr fest, so ist es gut, wenn man von Zeit zu Zeit stehen bleibt und sich gehörig umsieht, wodurch übrigens der in der Nähe sitzende und vom Hund übergangene Hase ganz von selbst aus dem Lager fahren wird. Läuft der Hase in gerader Linie vom Schützen weg, so muss man sich mit dem Schießen beeilen und sich vor dem Zukurzschießen hüten; läuft er aber im Bogen um den Schützen herum, so kann man sich Zeit lassen und hält, wenn es weit ist, etwas vor.

Bei rauer Luft im Spätherbst sucht der Hase solche Orte auf, wo er gegen den kalten, schneidenden Wind geschützt ist; er macht dann sein Lager in Remisen, Gebüschen, an Ufern, Berghängen, Hohlwegen und auf Sturzacker, welchen Letzteren er besonders bei Blachfrost wählt, um sich zwischen den hartgefrorenen Erdschollen einzuzwängen. Das Aushalten der Hasen

32

hängt meist von der Witterung und auch von dem bevorstehenden Witterungswechsel ab, der von den Hasen auf 24 Stunden voraus empfunden werden soll. Bei bevorstehender stürmischer Witterung sitzen die Hasen unruhig und halten schlecht oder gar nicht, ebenso wenn sie bei Blachfrost kein neues Lager scharren konnten, oder wenn bei lautem Schnee der Jäger durch sein Gehen zu viel Lärm verursacht.

[Seite 32] Die Hasenjagd

Die Suche und Treibjagd bei mondhellen Nächten auf Schnee wird gewöhnlich nur von Wilddieben betrieben, und müssen deshalb die Felder gegen Mitternacht revidiert werden. Bei nicht lautem Schnee kann man weiß gekleidet mit gutem Wind an die Hasen herankommen.

Am allerbesten halten die Hasen, wenn sie sich in ihrem Lager haben einschneien lassen. Man bemerkt dann nur eine kleine Öffnung im Schnee, unter welchem sie oft eine mehrere Fuß lange Röhre haben; es kommt auch vor, dass sie sich bei tiefem Schnee förmliche Röhren graben, die sich dann von fern durch den aufgehäuften Schnee und besonders durch den oben aufliegenden Sand markieren. In diesen Röhren sitzt der Hase gewöhnlich sehr fest, und muss vom Jäger förmlich herausgetreten werden, wobei es übrigens sehr ratsam ist, rückwärtszugehen, damit man beim Herausfahren des Hasen nicht die Augen voll Schnee bekommt. Im Wald sitzt der Hase häufig auf dem Schnee an Stämmen oder an Wurzeln, die über der Erde hervorragen; das scharfe Jägerauge erkennt ihn dann von Weitem und versucht sich gern im Büchsenschießen auf ihn; er lässt übrigens, selbst wenn er auf dem Schnee sitzt, den Jäger oft ganz nahe heran, besonders wenn er sich in der Nähe einer starken Wurzel gedeckt glaubt. Im tiefen Schnee macht der Hase lauter kurze Bogensprünge, wobei ihn der nicht a tempo schießende Jäger leicht fehlt.

In der Zeit, wo das Laub von den Bäumen fällt, oder wo es regnet und der Regen tropfenweise von den Bäumen fällt, besonders aber wenn bei starkem Schneeanhang plötzlich Tauwetter oder gar Regenwetter eintritt, wo dann der Schneeanhang haufenweise herunterfällt, findet man die meisten

Hasen auf dem Feld, in dem letzteren Fall bleibt wohl beinahe kein Einziger im Wald zurück.

6. Die Fuchsjagd

Die Fuchsjagd hat so viel Interessantes und Komisches, dass sie mit Recht zu den Lieblingsjagden des Jägers gehört, ganz abgesehen davon, dass der Fuchs wegen seiner frechen Räubereien ein geborener Feind des Jägers ist, und deshalb von diesem auch auf jede nur mögliche Art verfolgt wird. Hierbei geraten nicht selten die Jäger mit den Land- und Forstwirten in große Kollisionen, weil diese in dem Fuchs den Vertilger einer Unsumme von Mäusen erblicken und deshalb verlangen, die Füchse zu schonen. Es würde unbillig sein, wenn man diesem Ansinnen auch in denjenigen Jahren nicht gewährleisten wollte, wo sich die Mäuse sehr stark vermehren, wenn gleich wohl die Füchse nicht im Stande sein dürften, den Millionen von Mäusen, die es in solchen Jahren gibt, nur einigermaßen mit gutem Erfolg entgegen zu treten, vielmehr muss es der Natur überlassen bleiben, selbst das nötige Gleichgewicht durch schnellen Witterungswechsel, Regen, Frost und Schnee wieder herzustellen.

Die gewöhnlichste Jagdmethode ist **die Treibjagd**. Wegen seiner großen Furcht vor Menschen und Geräusch lässt sich der Fuchs leicht treiben; man braucht deshalb auch nur wenig Treiber, die auch keinen großen Lärm machen dürfen, damit nicht etwa der Fuchs schon aus dem nächsten Treiben herausgeht, während noch das vorhergehende getrieben wird. Bei den scharfen Sinnen des Fuchses müssen die Schützen in sehr gutem Wind sich aufstellen, sie müssen sich besonders bei kaltem, hellhörigem Wetter ganz geräuschlos auf Umwegen ihren Ständen nahen

und dürfen dort nicht etwa durch Abbrechen von Zweigen usw. Geräusche machen. Wenn es bei der Treibjagd hauptsächlich nur auf den Fuchs abgesehen ist, so besetzt man auch nur die bekannten Fuchsposten; es sind das diejenigen Stellen, die der Fuchs beim Treiben regelmäßig wählt, um sich gedeckt aus dem Staube zu machen; er benutzt hierzu Gräben, bewachsene Niederungen und besonders diejenigen Orte, wo zwei Dickungen am nächsten aneinanderstoßen.

Das scharfe Gesicht des Fuchses hat ihn schon oft vom Tode gerettet, seine große Aufmerksamkeit nimmt jede außergewöhnliche Erscheinung wahr, er bemerkt sogleich die kleinste Bewegung des Jägers, weshalb sich auch dieser nicht schussfertig machen darf, wenn er den Fuchs herankommen sieht, sondern unbeweglich stehen bleiben muss, bis der Fuchs in seinen Schussbereich gekommen. Hört man bei lautem Schnee den Fuchs schon von Weitem, so tut man gut, bei Zeiten das Gewehr an den Kopf zu nehmen, damit man sich angesichts des Fuchses nicht mehr zu bewegen braucht. Spitz von vorn oder allein auf den Kopf zu schießen, ist sehr misslich, weil hier der Schrot nicht gut eindringt und den Fuchs selten tödlich verwundet, besonders wenn er etwas weit entfernt ist.

Jäger mit blanken Gewehren[31] und blanken Jagdgerätschaften werden selten auf Fuchs zu Schuss kommen, wenn sie nicht vollkommen gedeckt sind, ebenso darf man bei der Treibjagd auf Füchse keine

---

31 [KvR] Mit blanken Gewehren sind „neue" glänzende Läufe gemeint. Die meisten Jäger versuchten deshalb alles, damit der Lauf eine Art „Wetterfarbe" oder Bronzefarbe bekam. Quelle: Christian Peter Laurop, 1817, Annalen der Forst- und Jagd-Wissenschaft, Band 5

Kleider von auffallender Farbe tragen. Auf einen vom Nachbar selbst tödlich angeschossenen Fuchs spart man niemals seinen Schuss. Den im Feuer zusammenstürzenden Fuchs holt man sich immer sogleich auf seinen Posten heran.

Der Anstand auf Fuchs lässt sich am besten an der Luderhütte betreiben, wenngleich auch der Anstand an Dickungen, die am Feldrande liegen, erfolgreich sein kann. Es ist bei dem Anstand an Dickungen vor allen Dingen guter Wind und eine gedeckte Stellung nötig, man stellt sich am besten in schussmäßiger Entfernung von der Dickung, aus der man den Fuchs erwartet, so an, dass man durch einen Strauch oder Graben ganz gedeckt ist. Fehlt eine solche Gelegenheit, so stellt man sich mit dem Rücken ganz dicht an die Dickung, muss dann aber beim rechts und links Sehen mehr die Augen, wie den Kopf bewegen, weil der alles bemerkende Fuchs sonst gleich den Jäger gewahr wird.

Will man den Anstand des Morgens betreiben, wenn der Fuchs aus dem Feld in die Dickung zurückkehrt, so kann man auch die hinten näher beschriebenen Federlappen anwenden. Man stellt diese Lappen vor Tage oder des Nachts 5 — 10 Schritt von der Dickung entfernt und so auf, dass die Leine, an der die Federn befestigt sind, 1 ½´ hoch von der Erde entfernt zu hängen kommt. Wenn mehrere Schützen sich anstellen, so bricht man auf alle 120 - 150 Schritt mit den Federlappen 30 — 40 Schritt breit ab und postiert auf diese Lücken dann die Schützen.

Zur Anlage einer Luderhütte wählt man in dem ruhigsten Revierteil einen Ort, den die Füchse gern besuchen und in dessen Nähe sie sich am liebsten aufhalten. Der Luderplatz selbst muss frei sein, damit er vom Mond recht voll erleuchtet werden kann. Etwa 30 Schritte davon ab, erbaut man eine Hütte, am zweckmäßigsten auf einem starken Baum, circa 15 — 20´ hoch, oder man legt sich einen Erdkeller auf der

36

südlichen Seite des Luderplatzes an. Am besten wählt man hierzu einen kleinen nördlichen Abhang, in dessen Abdachung die Schießscharten so

angelegt werden, dass sie nicht vom Mond beschienen werden können. Über der Erde darf von dem Keller nichts wahrzunehmen sein. Zum bequemen Hineinsteigen legt man sich von hinten einen überdeckten Erdgang an, der sich aber auch so wenig wie möglich markieren darf. Ist eine Gelegenheit vorhanden, so erbaut man die Fuchs- oder Erdhütte so, dass zwischen ihr und dem Luderplatz ein nicht zufrierender Bach vorbeifließt, weil der Fuchs im Winter gern die Waldbäche besucht und weil er ferner den Jäger in der jenseits liegenden Erdhütte nicht leicht wittern und seine Bewegungen vor dem Geräusch des rieselnden Wassers nicht leicht hören kann. Im November lässt man gefallenes Vieh auf den Luderplatz fahren, und macht auch womöglich noch eine Schleppe in größerer Entfernung vom Luderplatz in verschiedenen Richtungen auf dem Hauptwechsel der Füchse. Hat man sich durch Abspüren überzeugt, dass die Füchse das Luder regelmäßig annehmen, was gewöhnlich erst bei Schnee und Kälte geschieht, so begibt man sich bei Mondschein des Abends bei guter Zeit recht warm angekleidet in die Hütte, wo übrigens nicht geraucht werden darf.

An einzelnen im Wald liegenden Mühlen oder Gehöften kann man auch mit gutem Erfolg Luderplätze anlegen. Fährt man ein ganzes Stück gefallenes Vieh auf den Luderplatz, so lässt man die Rippen einschlagen, damit sich der Fuchs nicht in den hohlen Raum des Kadavers verkriechen kann, oder man lässt das Luder so weit in die Erde vergraben, dass nur noch eine Hand hoch über der Erde hervorragt. Der totgeschossene Fuchs muss sogleich aufgenommen und auch alle Spuren von Schweiß und Papierpfropfen möglichst sorgfältig verwischt und entfernt werden.

Zuweilen lässt sich auch in der Ranzzeit der Anstand am Fuchsbau mit Erfolg betreiben. Wenn man des Morgens

Füchse in den Bau eingespürt hat und diesen nicht graben kann, so stellt man sich gegen Abend mit gutem Wind und gedeckt am Bau an und erwartet das Hervorkommen der Füchse, was meist in der Abenddämmerung erfolgen wird, man schießt dann aber nicht gleich auf den Ersten, sondern lässt erst beide Füchse heraus, um womöglich beide zu erlegen.

Das Reizen des Fuchses glückt fast regelmäßig, wenn man den Reizton gut nachzuahmen versteht. Sieht man einen Fuchs mausen oder herumschleichen, so versucht man ungesehen an einen Ort zu gelangen, wo man gegen den Fuchs gedeckt ist und guten Wind hat, und von wo aus auch der Fuchs das Reizen hören kann. Dort angekommen ahmt man entweder auf einem Instrument oder auch ohne Instrument, das Geschrei eines Vogels, einer Maus, einer Ente oder eines nagenden Hasen nach, worauf der Fuchs in schnellen Sprüngen herankommen wird, wenn man richtig gereizt hat. Wenn der Fuchs nicht zu weit entfernt ist, so hat das Nachahmen des Geschreis eines Vogels oder einer Maus den besten Erfolg, weil man dies am besten nachmachen kann.

Die sogenannte Hasenquäke (ein Instrument, mit dem man das Geschrei eines klagenden Hasen nachahmt) kann man auch noch auf folgende Weise anwenden. Man geht bei Schnee und Kälte in Dickungen, wo man Füchse vermutet, und stellt sich dort an einer kleinen Blöße ganz gedeckt so auf, dass man 50 Schritt um sich herum sehen und schießen kann; hier lässt man nun in kleinen Pausen von einer Minute die weithin hörbare Hasenquäke erschallen und geht so gegen Wind von Blöße zu Blöße und von Dickung zu Dickung. Bei mondhellen Nächten kann man auch bei Schnee auf dem Feld mit der Hasenquäke ganz gut operieren, besonders wenn sich hierzu zwei Jäger verbinden, von denen sich derjenige, welcher schießen soll, auf 100 Schritt Entfernung im Wind des anderen gedeckt an Bäumen, Hecken und dergleichen anstellt, damit der Fuchs, der immer erst in den Wind des klagenden Hasen zu kommen sucht, diesem Jäger zu Schuss kommt.

Das Ausgraben der Füchse ist eine recht belustigende Arbeit, besonders wenn die Röhren nicht zu tief liegen und wenn man einen guten Hund hat. Beim ersten Schnee, bei Schlackwetter[32], bei strenger Kälte oder auch wohl nach einem starken Regen trifft man häufig den Fuchs im Bau. Während der Rollzeit[33], im Februar, sind sogar oft Fuchs und Füchsin zusammen in einem Bau. Man revidiert zu solchen Zeiten regelmäßig alle diejenigen Baue, die man am meisten befahren weiß und überzeugt sich durch Abspüren, ob ein Fuchs im Bau steckt.

Zum Ausgraben eines Fuchses begibt man sich mit Gewehr, Hund, Spaten, Axt und Hacke auf den Bau, lässt den bis dahin getragenen Hund in die am meisten befahrene Röhre einkriechen und legt sich sogleich mit dem Ohr vor diese Röhre, um zu horchen, in welcher Richtung der Hund unter der Erde fortgeht, und ob derselbe laut wird, was bei großen Bauen immer wichtig ist. Hört man den Hund laut bellen, so verlässt man die Röhre und ermittelt durch Anlegen des Ohrs an die Erde genau die Stelle, unter welcher der Hund bellt. Ein scharfer Hund wird den Fuchs bald in das äußerste Ende der Röhre treiben, wo er dann nicht mehr ausweichen kann. Hier gräbt man einen

---

[32] [KvR] Schlackwetter ist der alte Begriff für Schneeregen. Dieser tritt häufig in Verbindung mit starkem Wind und Sturmböen auf und ist ein Indiz für einen Wetterumschwung.

[33] [KvR] Als Rollzeit, bezeichnet man die Paarungszeit beim Fuchs. In Österreich wird auch die Paarungszeit beim Dachs (Ranzzeit) so genannt.

Das Begatten selbst bezeichnet man als Rollen.

hinreichend langen und breiten Graben aus, um die Röhre und in dieser den Fuchs vom übrigen Teil des Baues abzuschneiden. Glaubt man bald auf die Röhre zu kommen und hört den Hund gerade unter sich, so muss man ganz behutsam arbeiten und

steigt, wenn bis dahin ein Arbeiter gegraben hatte, lieber selbst in den Ausschnitt, um die Arbeit fortzusetzen. Hat man die Röhre getroffen, worin der Hund vorliegt, so wird dieselbe nach dem Bau zu verstopft und nach dem Fuchs zu erweitert, bis man diesen erblickt und ihn dann entweder mit einem Knüttel[34] totschlägt oder aber auch mit der Dachszange[35] herausholt, um ihn durch einige Schläge auf die Nase zu töten.

Mehrere Hunde lässt man nicht gern gleichzeitig in den Fuchsbau hinein, wohl aber geschieht es oft und mit Vorteil beim Dachsgraben in großen Bauen. Die Hunde müssen sich aber kennen. Die aufgeworfenen Gruben (Durchschläge) müssen nach Beendigung der Arbeit wieder gehörig zugeworfen werden, ohne jedoch Reisig hineinzustecken.

Hat man einen Fuchs in einer kurzen Notröhre festgemacht, so kann man auch in aller Eile, wenn vielleicht Holzhauer mit Spaten in der Nähe sind, den Fuchs ohne Hund nach der Stange graben. Man verschafft sich dazu eine recht biegsame Stange und misst mit dieser die Richtung und Länge der Röhre, um danach den Durchschlag zu machen.

Das Sprengen der Füchse hat auch bisweilen ganz guten Erfolg. Man nimmt hierzu einen scharfen Dachshund und begibt sich ohne alles Geräusch ganz leise auftretend auf den Bau, in welchem man vorher einen oder in der Rollzeit auch mehrere Füchse

---

[34] [KvR] Knüppel, Stock
[35] [KvR] Siehe Seite 82

eingespürt hat. Man lässt den Hund in eine der Röhren ein kriechen und begibt sich mit gespanntem Gewehr schleunigst auf einen geeigneten Platz, von wo aus man den Bau am besten übersehen und überschießen kann. Scharfe Hunde treiben hauptsächlich aus nicht zu großen Bauen den Fuchs sehr bald heraus, der sich dann aber mit der größten Schnelligkeit aus dem Staub

macht. Lässt sich der Fuchs anhaltend auf einer Stelle verbellen, ohne herauszufahren, so lässt man den Hund, wenn er herauskommt, in eine andere Röhre kriechen oder man behält ihn ganz draußen und wartet ruhig das Hervorkommen des Fuchses ab, was in vielen Fällen sehr bald erfolgen wird.

Beim Sprengen des Fuchses benutzt man auch oft das Deckgarn, auch Dachshaube genannt. Man fertigt dieses Netz aus starkem Bindfaden, 5 Fuß im Quadrat groß, mit 3 Zoll großen Maschen. An den vier Ecken des Netzes befestigt man Bleikugeln von zwei Lot[36] Schwere mittels Schnüre von 3 Zoll Länge. Dieses Deckgarn legt man auf die Öffnung der Röhre; sind mehrere Röhren vorhanden, so müssen sie sämtlich mit Deckgarnen belegt werden. Beim schnellen Herausfahren des Fuchses aus der Röhre schlagen die Bleikugeln hinter ihm zusammen, wodurch er dann ganz in dem Netz eingehaubt wird und sich so verwickelt, dass er auf der Stelle liegen bleiben muss.

7. Die Dachsjagd

Der Dachs verdient wegen seiner Nützlichkeit im Wald wohl mehr geschont zu werden, wozu besonders eine strenge Überwachung der Hirten viel beitragen würde, die denselben bei mondhellen Nächten im Oktober oder November durch ihre Hunde hetzen und stellen lassen und dann totschlagen. Jedenfalls dürften die alten Mutterbaue nie beunruhigt werden, um aus denselben die Stamm-Eltern

---

[36] [KvR] 1 Lot = 10 Quentchen = 16,687g in Preußen

nicht zu verscheuchen. Erst spät abends, wenn es ganz ruhig im Wald ist, verlässt der Dachs seinen Bau und geht in die nahen Rübenfelder oder später, wenn erst die Mast gefallen, in die alten Eichenbestände. Auf dem Wege dahin hält er genau seinen Wechsel, der sich zuletzt

als ausgetretener Weg markiert. Gegen Morgen kehrt er bei Zeiten nach seinem Bau zurück, und nur wenn ihn der Tag zu weit von seinem Bau überrascht, verkriecht er sich unterwegs in Schonungen oder in alte hohle Stämme oder in Dornbüschen usw. Bei Tag schläft er in seinem Bau. Im Herbst, wenn er schon recht fett ist, geht er immer später und zuweilen erst eine Stunde oder kurz vor Mitternacht aus. Wenn ihm das Wetter nicht behagt, oder wenn es in der Nähe seines Baues unruhig ist, bleibt er auch oft eine oder mehrere Nächte hinter einander ganz daheim. Tritt anhaltender Frost und Schnee ein, so kommt er gar nicht mehr heraus, sondern nährt sich von seinem über Sommer und Herbst aufgelegten Fett, welches er sich aus seinem Afterbeutel[37] aussaugt. Der vom Dachs befahrene und bewohnte Bau ist vom Fuchsbau leicht dadurch zu unterscheiden, dass der Dachs beim Ausfahren des Sandes vor dem Bau, in der Verlängerung der Röhre, in dem ausgefahrenen Sand eine Furche, wie mit einem Pfluge gepflügt, macht, von welcher aus dann die stark betretenen Steige nach verschiedenen Richtungen hin sich markieren. Von den Jagdmethoden ist:

---

[37] [KvR] Beim Europäischen Dachs finden sich zwei Analbeutel und zudem zwischen Schwanzwurzel und Anus eine 2–6 cm tiefe und breite Subkaudaldrüse, auch Saugloch genannt. Das Sekret der Subkaudaldrüse enthält chemische Informationen über das Geschlecht, Alter sowie die Familienzugehörigkeit und ist deshalb für die Kommunikation wichtig. Mit dem Sekret der Subkaudaldrüse wird auch der/die Partner/Partnerin markiert. Dass sich der Dachs davon ernährt, konnte wissenschaftlich nicht nachgewiesen werden.

Das Dachsgraben die gewöhnlichste und beste [Methode]. Es gehört dazu ein etwas starker und scharfer Dachshund und die vorn beim Fuchsgraben erwähnten Werkzeuge. Das Graben des Dachses findet am besten im November statt, weil er dann am meisten Fett hat, und weil dann auch die Schwarte am besten ist. Vorher, schon im Oktober, verschafft man sich durch öfteres Abspuren der Baue in den Morgenstunden Kenntnis, welche Baue von den Dachsen zu Winterwohnungen eingerichtet werden. Man erkennt dies an dem förmlich abgeharkten Boden in der Nähe des Baus, von wo der Dachs alles Moos, Gras und

trocknes Laub und dergleichen zusammenscharrt und in seinen Bau hinein schiebt, um sich daraus ein weiches Winterlager zu bereiten. Das Graben des Dachses ist analog dem des Fuchses, nur gehört ein schärferer Hund dazu, der den Dachs bald in die Enge treibt und ihn durch seine immerwährenden Angriffe zwingt, Front gegen den Hund zu nehmen, weil sich sonst die Dachse leicht verklüften und die Röhre hinter sich mit Erde verstopfen, so dass ihnen der Hund nicht folgen kann.

Wegen des sehr zähen Lebens des Dachses muss man beim Totschlagen desselben vorsichtig sein, und ihn durch starke Schläge quer über die Nase, vor der Gehirnhöhle oder noch besser auf den Hinterkopf auch sicher töten.

Den Anstand betreibt man bei mondhellen Nächten im Oktober an dem Wechsel möglichst weit vom Bau entfernt, damit der angeschossene und nicht gleich unterm Feuer liegen gebliebene Dachs den Bau nicht mehr erreichen kann; er verträgt einen guten Schuss, und man nimmt deshalb auch am liebsten eine recht scharf schießende einfache Flinte mit grobem Schrot geladen. Erreicht der angeschossene Dachs den Bau, so ist der Dachs für den Jäger verloren und nebenbei

43

auch noch der Bau ruiniert, weil dergleichen Baue, in denen ein Dachs oder Fuchs verendet und verwest ist, auf lange Zeit nicht wieder bekrochen werden.

Das Jagen des Dachses mit Nachthunden ist nicht besonders zu empfehlen, weil dabei das Revier zu sehr beunruhigt wird. Man begibt sich zu dieser Jagd im Oktober bei einer mondhellen Nacht, wenn der Dachs den Bau verlassen hat, auf den Bau, verstopft alle Röhren bis auf die Hauptröhre, in welche man einen Sack hineinsteckt, der vorn eine Schnurre[38] haben muss. Dieser Sack, auch Dachshaube genannt, ist 3 — 3 ½ Fuß lang, oben

2 — 2 ½ Fuß weit und nach unten stumpf zu gerundet. Man strickt die Dachshaube aus recht starken Bindfaden mit 1 ¾ — 2 Zoll weiten Maschen. Zum Zusammenziehen des oberen offenen Teiles zieht man durch die Endmaschen eine 10 — 15 Schritt lange starke Leine. Beim Einstellen der Dachshaube in die Röhre befestigt man diese Leine an einem Baum, an einer Wurzel oder an einem eingeschlagenen Pfahl, ebenso auch die Öffnung der Dachshaube mittels kleiner hölzerner Haken an den Umfang der Röhre. Einer von den Jägern, oder auch ein Holzhauer, bleibt in der Nähe des Baues zurück. Die übrigen Jäger lassen von dem freisuchenden Dachshund die Spur aufnehmen und den Dachs aufsuchen. Wird der Hund laut, so eilen die Jäger hinzu und hetzen wo möglich noch andere Hunde darauf, die dann den Dachs entweder nach dem Bau in den Sack jagen oder stellen. Im letzteren Falle wird er mit der Dachsgabel in den Nacken gefasst, an die Erde gedrückt und totgeschlagen.

---

[38] [KvR] Schnur im Kopfsaum eines Sackes zum Zubinden

8. Die Jagd auf Fischotter

Von unsern Jagdmethoden kann auf die Fischotter nur der Anstand und in einzelnen, seltenen Fällen auch das Einkreisen bei Schnee mit einigem Erfolg betrieben werden.

Den Anstand exerziert man bei mondhellen Nächten an Bächen, die Fischotter stromaufwärts ausfischen. Man sucht sich hierzu ganz flache Stellen, auf welchen der Körper der Fischotter ganz aus dem Wasser herauskommen muss und setzt sich mit gutem Wind an. In größeren Flüssen, wo keine flachen Stellen vorhanden sind, sucht man die Aussteigeplätze der Fischotter auf, die an Überresten von verzehrten Fischen und Krebsen kenntlich sind. Im Winter, wenn bei starker Kälte die Gewässer bis auf

einzelne Löcher zugefroren sind, setzt man sich an diese, nachdem man vorher durch Abspüren ermittelt hat, dass hier die Fischotter aus- oder einsteigen. Wenn man an solchen Löchern den Fischotter nicht unterm Feuer tötet, sondern nur anschießt, so dass er noch bis unter das Eis gelangen kann, ist dieser gewöhnlich für den Jäger verloren. Man setzt sich deshalb, wenn die Fischotter vielleicht von einem offenen Loch zum andern gehen, möglichst weit entfernt von den Löchern an dem Wechsel. Bei ihrem sehr scharfen Geruch und Gehör muss man sehr guten Wind haben und sich ganz ruhig verhalten.

Lohnender als der Anstand, ist **das Einkreisen**, wenn man bei Schnee in einer weiten Entfernung von Gewässern die Fischotter spürt, was sich allerdings nicht oft ereignen wird. In diesem Fall nimmt man die Spur der Otter auf und wird sie häufig in dichten Weidenhegern[39] oder auch in hohlen Stämmen etc.

---

[39] [KvR] Weidenheger waren Grundstücke, auf denen die vorhandenen Weidenbestände als Niederwald mit kurzem Umtrieb (zur Gewinnung von Korbruten, Reif- und Bandstöcken usw.)

versteckt finden. Zur Sicherheit nimmt man sich scharfe Hühnerhunde oder Schweißhunde mit, die sie leicht einholen und stellen. Beim Fischen geben die Fischotter einen pfeifenden Ton von sich, durch den sie sich dem Jäger schon von fern anmelden.

9. Die Jagd auf Marder

Beide Marderarten, der Baum- und Steinmarder, werden meist in Fallen und Eisen gefangen, und nur der eifrige ausdauernde Jäger wird das Einkreisen des Baummarders mit gutem Erfolg betreiben. Zu diesem Zweck begibt man sich bei einer Neue, d.h., bei frisch gefallenem Schnee, nach demjenigen Revierteil, wo der Marder erfahrungsmäßig am meisten herumläuft, und sucht dort eine frische Marderspur auf. Hat es bis gegen Morgen, vielleicht bis gegen 5 Uhr, geschneit und man

[Seite 45] Die Jagd auf Marder

findet bald eine frische Spur, so kann man sich gratulieren; hat es aber schon gegen Mitternacht aufgehört zu schneien, so dass man nicht unterscheiden kann, ob die aufgefundene Spur von vor Mitternacht oder von später herrührt, so hat man beim Folgen derselben oft sehr große Wege zu machen, besonders wenn der Marder auf seinem Pirschgang nichts Erhebliches gefunden hat und deshalb die ganze Nacht hindurch herumgelaufen ist. Hat man also eine frische Marderspur aufgefunden, so folgt man ihr, um den Marder auszumachen. Führt die Spur in eine Dickung oder in ein dichtes Stangenholz hinein, wo ihr schwer zu folgen ist, so umkreist man dieses, wird aber selten den Marder in einer Dickung festmachen, weil der Baummarder fast immer in hohlen Bäumen, in Raubvogel- oder auch in Krähenhorsten, sehr selten und nur im äußersten Notfall in Fuchsbauten etc. den Tag über zubringt. Hat der Marder in alten Beständen gebäumt, so kann man an dem heruntergerissenen Schnee, besonders wenn derselbe bei ganz windstillem Wetter

---

bewirtschaftet wurden.

gefallen und meist auf den Ästen liegen geblieben ist, und an dem heruntergefallenen Moos leicht erkennen, wohin der Marder weiter gebäumt ist. Verliert man hierbei die Spur, so umkreist man zunächst den Horstbaum[40], in welchen dieselbe hineinführte. Hat man sich überzeugt, dass der Marder weder unten auf der Erde weitergegangen, noch oben in den Zweigen aus diesem Trupp von Bäumen hinausgebäumt sein kann, wobei man übrigens sehr vorsichtig sein muss (er macht mitunter große Sätze und springt 8 — 10´ weit von einem Baum zum andern), so sieht man sich die einzelnen Bäume in dem möglichst klein eingekreisten Horst an. Unter diesen wird man dann entweder einen oder mehrere hohle Bäume mit Spechtlöchern oder aber einen Raubvogelhorst oder Krähenhorst finden,

in welchem der Marder steckt. Ist der Marder in ein Astloch gekrochen, so erweitert man dasselbe mit einem Beil, und versucht ihn dann mit einem starken Krätzer[41] am Ladestock herauszuziehen. Steckt er in einem hohlen Baum, so ermittelt man durch eine biegsame starke Rute, die man in den hohlen Baum hineinsteckt, genau die Stelle, wo der Marder sitzt. Fühlt man den Marder mit der Rute, dessen unruhiges ängstliches Atemholen man dabei auch hören kann, wenn man ein Ohr an das Loch legt, so zieht man die Rute heraus und misst außerhalb am Baum die Stelle ab, wo

---

[40] [KvR] Horstbäume sind Bäume mit Greifvogel- und Reiherhorsten. Viele Greifvögel sind standorttreu und benutzen die aufwändig hergestellten Horste über längere Zeit. Horstbäume müssen, je nach der nutzenden Vogelart, bestimmte Eigenschaften wie Anflugschneisen, große Kronen oder Ansitzwarten aufweisen und sind deshalb nicht beliebig ersetzbar.

[41] [KvR] Der Krätzer ist ein Werkzeug um die Ladung aus einem Gewehr zu ziehen. Der Krätzer besteht aus einer eisernen Hülse, die an den Ladestock geschraubt werden kann und die in zwei spiralförmig übereinander gewundene Zangenarme ausläuft. Bisweilen ist in der Mitte dieser Schlangenwindungen eine kleine Schraube, der Kugelzieher, angebracht, mit der Bleikugeln angebohrt und aus dem Gewehrlauf gezogen werden können.

er im Innern des Baumes sitzt. An dieser Stelle arbeitet man sich mit dem Beil ein Loch, verstopft aber vorher bei dem Loch, in welchem der Marder hineingekrochen ist, die etwaige Höhlung des Baumes nach oben und sucht den Marder auf diese Weise einzuschließen. Wenn die Baumhöhlung zwischen dem oberen Loch und dem neu eingehauenen Loch noch zum Verbergen des Marders lang genug ist, so kommt er beim Durchhauen des unteren Loches gewöhnlich noch nicht heraus, sondern er verkriecht sich zwischen beiden Löchern und man muss ihn dann dadurch herauszubringen suchen, dass man entweder das obere oder untere Loch erweitert oder in der Mitte zwischen beiden Löchern noch eins hineinarbeitet. Unter dem Baum muss ein vorsichtiger guter Schütze immer schussfertig aufpassen, weil in jedem Augenblick der Marder aus dem oberen offengebliebenen Loch herausfahren kann. Ein Hühnerhund leistet dabei gute Dienste, wenn der herausfahrende Marder vorbeigeschossen wird, was übrigens nicht selten vorkommt. Der Hühnerhund holt den Marder bald ein, und zwingt ihn wieder zu bäumen, wo er dann leicht heruntergeschossen werden kann. — Sitzt der Marder in einem Raubvogel - oder Krähenhorst, so schießt man mit starkem

Schrot hinein; wenn aber der Horst sehr groß ist, so schlägt der Schrot nicht gehörig durch und man schießt dann lieber mit Kugeln hinein. Hat man den Marder gleich beim ersten Schuss plötzlich getötet, ohne dass er sich noch rühren konnte, so wird dies der heruntertröpfelnde Schweiß verraten; wird er verwundet, so fährt er meist beim ersten Schuss aus dem Horst heraus, und muss dann mit dem zweiten in Reserve gehaltenen Schuss totgeschossen oder durch den Hühnerhund gefangen, oder auf einen Baum gejagt werden. Ist der Schrot nicht bis zum Marder durchgeschlagen, was bei großen Horsten leicht vorkommen kann, so bleibt er gewöhnlich ruhig sitzen, und man darf deshalb in solchen Fällen nicht gleich glauben, der Horst sei leer.

Der Steinmarder hält sich meist in Scheunen und Gebäuden auf; man stellt sich des Abends bei Mondschein auf ihn an und schießt ihn, wenn er von einem Gebäude zum andern geht, oder man treibt ihn auch bei Tage, in der Zeit wo die Scheunen leer sind, durch starkes Lärmen im Innern, durch Klopfen, Hämmern, lautes Schreien und dergleichen heraus, man muss aber hier mit dem Schießen sehr vorsichtig sein, um keinen Menschen zu verletzen und auch keine Veranlassung zu einem Feuer zu geben, weshalb man hierbei nur Filzpfropfen zur Ladung verwenden darf.

10. Die Jagd auf wilde Katzen

Die wilde Katze kommt jetzt nur noch im Gebirge vor, wo sie bei schlechtem Wetter zwischen Steinen, in alten Dachs und Fuchsbauen oder auch in hohlen Stämmen und Bäumen sich bei Tage verbirgt, während sie sich bei gutem Wetter bei Tage in Dickungen versteckt hält; sie fügt durch ihr Rauben der Jagd noch größeren Schaden zu, als der Fuchs und wird sogar dem

jungen Reh- und Damwild-Kälbern gefährlich. Man schießt die Katze bei mondhellen Nächten, im Winter bei Schnee an den Luderhütten und kreist sie auch bei frischem Schnee ein, wo man dieselbe aber gewöhnlich aufgeben muss, wenn sie in einem verfallenen Fuchs- oder Dachsbau steckt, weil ihr hier der Hund nicht folgen kann. Mit größerer Sicherheit lassen sich bei ihr mehrere Fangmethoden betreiben. (Siehe die Fangmethoden.)

11. Die Jagd auf Iltis und Wiesel

Der Iltis wohnt in alten Kaupen, hohlen Stöcken und ruhigen Gebäuden und auf dem Feld in Höhlen unter der Erde. Man kreist ihn bei frischem Schnee ein, und sucht ihn durch Graben usw. herauszubringen.

Das Wiesel benutzt dieselben Wohnungen wie der Iltis und hält sich auch in Reisern und Klafterholz-Haufen[42]

49

auf. Man fängt das Wiesel sowohl wie den Iltis am besten in kleinen Tellereisen. (Siehe Fangmethoden.)

12. Die Auerhahnjagd

Das Auerwild kommt in Deutschland nur noch in großen zusammenhängenden Revieren vor. Der Hahn hat die Stärke einer Truthenne, die Henne ist ½ kleiner als der Hahn. In der Balzzeit, die von Ende März bis Anfang Mai dauert, ziehen die Hähne des Abends auf ihren bestimmten Balzplatz und schwingen sich auf einzeln stehende Bäume in die Mitte des Gipfels mit starkem Geprassel ein; am andern Morgen, wenn sich am östlichen Horizont weiße Streifen zeigen, fängt der Hahn an zu balzen. Der Balzsatz besteht aus dem Knappen, dem Hauptschlag und dem Schleifen. Während des Knappens

darf man sich nicht von der Stelle rühren, nur während des schallenden Schnalzens und zu Anfang des Schleifens sucht man sich dem Hahn durch Springen zu nähern, steht aber wieder still, ehe er zu schleifen aufhört. Will man die Jagd auf Auerhähne betreiben, so begibt man sich des Abends in die Nähe der Balzplätze und horcht wo die Hähne einfallen. Am anderen Morgen begibt man sich vor Tagesgrauen in die Nähe des Baumes, auf welchem man abends vorher einen Hahn einfallen hörte, und wartet in einer Entfernung von 200 bis 300 Schritt, bis der Hahn zu balzen anfängt. Während des Hauptschlages, der aus einem schallenden Schnalzen besteht, nähert man sich in Sprüngen dem Baum und wartet dort ab, bis es hell genug ist, um dann den Auerhahn entweder mit einer Büchse von kleinem Kaliber, oder mit einer gut schießenden Flinte mit grobem Schrot herunter zu schießen.

---

[42] [KvR] Klafterholz ist Holz, das nach dem landesüblichen Klaftermaß aus dem Forst abgegeben wurde. Das preußische Klafter hatte eine Fußlänge von 0,31385 Meter und ein Volumen von 108 Kubikfuß = 3,3389 Kubikmeter.

13. Die Jagd auf Birkwild

Das Birkwild gehört mehr dem Norden als dem Süden an. Es ändert häufig seinen Stand und liebt am meisten Heidegegenden und Wälder, die große Blößen haben und mit Bächen und Sümpfen durchschnitten sind. Die Balzzeit fällt im April und Mai und findet bei schönem Wetter sehr laut und meist auf Blößen und jungen Schonungen etc. auf der Erde statt; es hält dabei seine bestimmten Balzplätze, wo man sich entweder Hütten von Reisern baut oder Löcher von 5— 6 Fuß Weite und 3 ½ Fuß Tiefe in die Erde gräbt, um sich dann schon vor Tagesanbruch darin zu verbergen und von hier aus die in der Nähe einfallenden Hähne zu schießen. Wenn mehrere Jäger disponibel[43] sind, kann man auch den Balzplatz früh vor Sonnenaufgang, wenn die

Hähne noch balzen, an der Listiere[44] besetzen, und dann die Hähne den Schützen zutreiben lassen. Die jungen Birkhühner liegen sehr fest und können im Juli, August und September auf der Suche mit Leichtigkeit geschossen werden; man darf jedoch nie die ganze Kette[45] aufreiben und muss die Hennen immer zu schonen suchen, was in der ersten Zeit, wenn sie anfangen flugfähig zu werden, ziemlich schwierig ist, weil sich dann die jungen Hähne noch nicht so leicht von den jungen Hennen unterscheiden[46] lassen, während zu jeder anderen Jahreszeit der Hahn an seinem schwarzblauen Gefieder und am Spiel (Schwanz), das 6 Zoll lang und nach beiden Seiten sichelförmig gebogen ist, leicht erkannt werden kann. Schonungen, in welchen man nicht

---

[43] [KvR] verfügbar
[44] [KvR] Gehölzrand
[45] [KvR] Als Kette bezeichnet man eine Gruppe oder Familie jagdbarer Hühnervögel (Ausnahme Rebhühner). Die Vereinigung mehrerer Ketten im Herbst bezeichnet man als Schar.
[46] [KvR] Die Geschlechter unterscheiden sich in der Größe, und zudem deutlich in der Gefiederfärbung. Während der Hahn kontrastierend blauschwarz und weiß gefärbt ist, zeigt die Henne bräunlich tarnfarbenes Gefieder. Die jungen Hähne haben im Oktober ausgeschildert und tragen dann das Prachtgefieder.

schießen kann, lässt man abtreiben. Die Richtung der Treiben nimmt man so, dass die Birkhühner in den Furchen entlang laufen können. Wenn man bei solchen Treiben aufmerksam ist, wird man das Birkwild oft im Laufen und womöglich mehrere auf einen Schuss erlegen können. Im Winter bei Schnee steht das Birkwild zuweilen auf isolierten Bäumen, an die man sich im Unterholz heranzuschleichen sucht, um es herunter zu schießen.

14. Die Jagd auf Haselhühner

Das Haselhuhn gehört ebenfalls mehr dem Norden an und findet sich schon in Ostpreußen recht zahlreich vor. Auf der Suche im August, wo die jungen Hühner anfangen flugfähig zu werden, kann man mit Leichtigkeit eine ganze Kette aufreiben, weil die jungen Haselhühner sehr fest liegen und auch bald wieder einfallen, wenn sie herausgestoßen werden. Bei starkem Schneegestöber lassen sich die Haselhühner ebenso wie die Birkhühner zuweilen ganz einschneien. Während der Balzzeit im März lässt sich der

[Seite 51] Die Jagd auf Birkhühner

Hahn mittels einer Lockpfeife, mit welcher man den Laut der Henne nachahmt, anlocken. Im September und Oktober kann man auch die jungen Hühner durch diese Pfeife anlocken, man muss aber hierzu Letztere etwas höher stellen.

15. Die Fasanenjagd

Der Fasan ist von Frankreich zu uns herüber gebracht worden und ist gegenwärtig in Böhmen am meisten verbreitet. Man schießt den Fasan im Spätherbst bei der Suche auf dem Feld und im Gebüsch sehr leicht, schont aber dabei die Hennen, die sich durch ein kürzeres Spiel (Schwanz) und durch eine hellere Farbe von den Hähnen auszeichnen. Dichtes Gebüsch, in welchem man nicht suchen und schießen kann, lässt man sich abtreiben.

Während der Balzzeit kann man den balzenden Hahn leicht beschleichen, ebenso kann man auch des Nachts bei Mondschein die auf den Bäumen schlafenden Fasanen ohne große Mühe beschleichen und herunterschießen. Der Flug der Fasane ist langsam und schwerfällig, weshalb auch der weniger geübte Flugschütze mit Leichtigkeit einen Fasan herunterschießen kann.

16 Die Rebhuhnjagd

Der Lieblingsaufenthalt der Rebhühner sind große fruchtbare Felder, durchschnitten mit Wiesen, Dornenhecken und Remisen, in welchen letzteren die Hühner gegen Raubvögel und auch gegen Sturm, Hagel und Schnee Schutz suchen können. In fruchtbaren Feldern vermehren sich die Rebhühner sehr stark, besonders, wenn die alten Hennen möglichst geschont werden. Eine alte Henne legt bis 17, auch wohl bis 20 Eier, während junge Hennen deren nur 9 — 12 legen und auch bei der Wahl des

Brutplatzes nicht so vorsichtig sind, wie die Alten. Um das Zerstören der Eier so viel als möglich zu verhüten, beunruhigt man im April, kurz vor dem Eierlegen, diejenigen Orte, die für die Brut gefährlich sind, um dadurch die Hühner zu zwingen, sich einen anderen Brutplatz aufzusuchen.

Kleefelder, Wiesen und Winterrapsstücke müssen in jener Zeit ganz besonders durch öfteres Abrevieren mit dem Hühnerhund beunruhigt werden, weil durch das frühzeitige Abmähen dieser Früchte fast immer die erste Brut zerstört wird. Ganz unbeschossen soll man die Hühner nie lassen, weil ein unbeschossenes Volk[47] leicht fortzieht, während ein Volk, von welchem der alte Hahn fehlt, gewöhnlich in der Nähe seines Brutplatzes bleibt. Man sucht deshalb den alten Hahn zuerst zu bekommen und schießt von den jungen

---

[47] [KvR] Als Volk bezeichnet man eine Gruppe oder Familie jagdbarer Rebhühner. Die Vereinigung mehrerer Völker im Herbst bezeichnet man als Schar.

Hühnern vielleicht die Hälfte. Der alte Hahn liegt meist etwas abseits vom Volk und markiert sich beim Herausziehen durch sein eigentümliches Schreien und durch seine dunkelrote Brust (Schild).

In Jagdrevieren, wo viel Raubzeug vorhanden [ist], dürfte es wohl vorteilhaft sein, beide alten Hühner zu schonen, da gerade der alte Hahn, ebenso wie der Haushahn am vorsichtigsten ist und den heranschleichenden Fuchs etc. am allerersten wahrnimmt. Über das Fortziehen der unbeschossenen Hühner sind übrigens die Meinungen noch geteilt. Wenn sich aber feststellen ließe, dass unbeschossene Völker ebenso selten ihren Stand verändern als beschossene, so dürfte es wohl zweckmäßig sein, auf jedem großen Jagdrevier und besonders da, wo die Hühner vom Raubzeug, sowie von der Kälte und vom Schnee viel zu leiden haben, einzelne Völker ganz unbeschossen zu lassen und dafür andere Ketten ganz aufzureiben, weil sich erfahrungsmäßig

starke Völker durch die vielfältige Aufmerksamkeit der verschiedenen Individuen besser gegen das Raubzeug zu schützen vermögen und auch im Winter durch Kälte und Schnee nicht so viel zu leiden haben wie schwache Ketten, die sich durch Zusammenkriechen nicht so gut erwärmen können als starke. Die Erfahrung hat übrigens bereits gelehrt, dass bei strengen Wintern mit tiefem Schnee schwache Völker meist ganz eingehen, während von starken Ketten doch nur einzelne Individuen umkommen.

Die Hühnerjagd beginnt meist am 24. August, man wird dann aber oft noch zu schwache Hühner finden, die von der zweiten Brut herrühren, und noch nicht geschossen werden dürfen. Bei einem späten Frühjahr werden alle Hühner am 24. August noch etwas schwach sein. Von den Jagdmethoden betreibt man fast nur allein die Suche. Man beschießt zuerst die Grenzhühner und die Buschhühner, weil diesen später, wenn sie schlecht halten, nicht leicht beizukommen ist. Felder, auf welchen schwache Hühner liegen, dürfen nicht beunruhigt werden.

Wenn auf einer großen Feldmark die Ketten sehr zerstreut liegen, wodurch die Suche erschwert wird, lässt man dieselben vor Tage verhören, d.h., es begibt sich jemand vor Tagesanbruch nach dem Feld, um hier die Hühner zu behorchen und zu beobachten. Mit Tagesanbruch locken die Alten die zerstreut liegenden Jungen zusammen und erheben sich gewöhnlich bald nach Sonnenaufgang 2—3 Mal, um sich nach ihrem gewöhnlichen Aufenthaltsort zu begeben. Diese Orte muss sich der Verhörer genau merken, er muss sich dabei auf einen hoch liegenden Punkt aufstellen, um die fortziehenden Hühner einfallen zu sehen.

Wenn es stark getaut hat, oder wenn es geregnet hat, liegen die Hühner am liebsten in den Stoppeln, bei großer

Hitze findet man sie in trocknen Wiesen mit langem Gras, wobei sie aber immer die ruhigsten Orte vorziehen. Bei Sturm und Wind und im Herbst, wenn die Raubvögel fortziehen, findet man die Hühner am meisten in schützenden Hecken und Remisen. Bei windstillem warmen Wetter ohne Sonnenschein, wenn die Luft etwas feucht von Westen her zieht, halten die Hühner am besten.

Die Suche beginnt des Morgens um 8 Uhr. Hühner, die nicht gut halten, sprengt man auseinander, indem die Schützen das Volk, welches durch Vorstehen des Hundes markiert wird, umstellen und von allen Seiten tüchtig beschießen, sobald die Hühner herausziehen; es darf dabei natürlich nicht in den Kreis hinein geschossen werden. Die auseinanderziehenden Hühner müssen genau beobachtet werden, wo sie einfallen, und werden dann einzeln aufgesucht, wobei sie gewöhnlich sehr fest liegen. Wenn die Hühner in Orte einfallen, wo sie keine Deckung haben und deshalb nicht halten, oder wenn man dort nicht schießen kann, wie z.B. im Wald, treibt man sie am besten und am leichtesten nach derjenigen Stelle zurück, wo sie zuerst gelegen haben, indem man von der entgegengesetzten Seite herangeht.

Liegen die Hühner fortwährend auf Terrain, wo ihnen nicht beizukommen ist, so kann man auch den Versuch machen, hinter einem Schild gedeckt auf Schussweite heranzugehen, um dann im Sitzen vielleicht mehrere auf einen Schuss zu erlegen, was am besten auf der Saat oder auf Schnee, wo man die Hühner leicht liegen sieht, gelingen wird. Das Schild besteht aus einem mit Leinwand überzogenen Rahmen, der so groß ist, dass der Jäger dahinter vollkommen gedeckt ist; dieser Rahmen darf nicht schwer sein und muss eine Vorrichtung haben, mittels welcher

man ihn leicht vor sich her tragen und auch sogleich aufrecht hinstellen kann, wenn man schießen will. Die vordere Seite bemalt man am besten mit einer Kuh und mit kleinem Gesträuch, weshalb man dieses Schild auch gewöhnlich „die Kuh" nennt.

Im Winter bei Schnee überzieht man das ganze Schild mit weißem Papier und trägt auch eine weiße Mütze auf dem Kopf.

Auf dem Schnee kann man auch oft ohne Kuh durch Kreisen herankommen. Wenn man von fern die Hühner im Kessel zusammenliegen sieht, kreist man sie mit einem zuerst großen und dann immer kleiner werdenden Bogen ein; das Gewehr wird zuletzt schussfertig gehalten und langsam an den Kopf genommen, bis man dann nahe genug ist, um seinen Schuss abzugeben.

17. Die Schnepfenjagd

a) Auf Waldschnepfe

Die Schnepfen[48] überwintern in Süddeutschland, in Italien, Sizilien, im südlichen Frankreich, in Spanien und auf

---

[48] [KvR] Zu der Familie der Schnepfenvögel gehören u.a. die in unseren Breiten vorkommenden Gattungen:
Eigentliche Schnepfen (Scolopax)
Art: - Waldschnepfe (Scolopax rusticola) [Die „Schnepfe"

56

den griechischen Inseln; ihr Weg geht deshalb im Herbst von Nordost nach Südwest. Sobald im Oktober das Laub gelb wird, treten sie ihre Wanderschaft an, sie ziehen einzeln oder paarweise und nur des Nachts. Die Dauer des Zuges hängt von der Witterung ab; bei gutem Wetter halten sie sich im Herbst bis spät in den November hinein bei uns auf, während sie im Frühjahr bei gutem Wetter schnell bei uns durchziehen. Bei mondhellen Nächten und wenn der Wind gerade nach der Richtung hinstreicht, wohin sie ziehen, geht der Durchzug schneller vonstatten. Zum Rasten wählen die Schnepfen im Herbst hochgelegene Waldungen, lichte Laubhölzer und Viehweiden; beim Wiederstrich im März und April fallen sie lieber in niedrig gelegene sumpfige Buschhölzer, in Dornen und auf überschwemmt gewesene

[Seite 56] Die Schnepfenjagd: a) Auf Waldschnepfe

Flusstäler ein, sie suchen dabei besonders weichen Boden, wo sie leicht stechen können und auch reichliche Nahrung finden. Sie rasten jedoch selten über 3 Tage an einem Ort. Während dieser Rastzeit streichen sie in der Abenddämmerung meist niedrig und langsam hin und her, um sich nasse Plätze, Wiesen, Viehweiden, kleine Sümpfe oder auch Saatfelder zum Geäs [49] aufzusuchen. Nach der Sättigung setzen sie entweder ihre Wanderung sogleich fort, oder sie bleiben bis zur Morgendämmerung liegen und streichen dann nach den nächsten Schonungen zurück, wobei sie jedoch schneller ziehen als am Abend, weshalb auch der Morgenzug nur kurze Zeit dauert.

---

der Jäger]
Bekassinen (Gallinago)
      Art: -Bekassine (Gallinago gallinago)
      Art: -Doppelschnepfe (Gallinago media)
Pfuhlschnepfen (Limosa)
      Art: - Pfuhlschnepfe (Limosa lapponica)
      Art: - Uferschnepfe (Limosa limosa)

[49] [KvR] Nahrung (Äsung)

Über den Wiederstrich im Frühjahr sagt das Jägersprichwort:

„Oculi[50] (ein Sonntag, der bald Anfang, bald Ende März fällt), da kommen sie! Lätare[51], das ist das Wahre! Judica[52], da sind sie auch noch da! Palmarum[53], da gehen sie trallarum!" Man kann sich natürlich nicht so fest an diesen Spruch halten, weil die in demselben genannten Sonntage bald früher, bald später fallen, und weil der Wiederstrich der Schnepfen auch meist von der Frühjahrswitterung abhängig ist. Wenn der Winter früh endigt, kommen die ersten Schnepfen schon früh im März, wenn nach einem langen anhaltenden Winter plötzlich warme Witterung eintritt, ist der Zug gewöhnlich am besten.

Die weiße Bachstelze und die Gabelweihe kündigen die baldige Ankunft der Schnepfen an. Tritt im Frühjahr plötzlich kaltes nasses Wetter ein, so machen die Schnepfen da halt, wo sie sich gerade befinden, und man hat dann am längsten Zeit, denselben Abbruch zu tun. Sobald im Frühjahr die Erlenknospen anfangen aufzubrechen, ist der Schnepfenzug gewöhnlich

---

[50] [KvR] Oculi (Fastensonntag) ist der dritte Sonntag der Fastenzeit.

[51] [KvR] Lätare („freue dich!") ist der (in der römisch-katholischen und evangelisch-lutherischen Liturgie benannte) vierte Fastensonntag/Passionssonntag.

[52] [KvR] Judica ist der dem Palmsonntag vorausgehende fünfte Sonntag der Fastenzeit.

[53] [KvR] Palmarum (Palmsonntag) ist der sechste und letzte Sonntag der Fastenzeit sowie der Sonntag vor Ostern. Mit dem Palmsonntag beginnt die Karwoche.

vorüber. Die zuletzt kommenden Schnepfen sind meist größer und werden Eulenköpfe[54] genannt; es sind dies wahrscheinlich die Weibchen[55], die bei allen schnepfenartigen Vögeln, ebenso wie bei allen Raubvögeln, größer sind als die Männchen.

Der größte Teil der Schnepfen zieht im Frühjahr nach Norwegen und Schweden, brütet dort und kommt im September von dort zurück. Einzelne Schnepfenpaare bleiben auch bei uns zum Brüten zurück. Von diesen zieht das Männchen den ganzen Sommer hindurch, darf aber während der Brutzeit nicht geschossen werden, weil sonst das Weibchen aufhört zu brüten. Gegen Johanni[56] fangen die jungen Schnepfen in der Nähe ihres Brutplatzes an, gegen Abend sich im Fliegen zu üben und können dann geschossen werden.

Während des Winters bleiben ausnahmsweise auch in unsern Gegenden einzelne Schnepfen an warmen Quellen zurück, auf die man dann zuweilen mitten im Winter als große Seltenheit zu Schuss kommt.

Von den Jagdmethoden ist **der Anstand** im Frühjahr die beliebteste. Man begibt sich dazu gegen Abend mit dem Hühnerhund nach derjenigen Gegend, wo die Schnepfe erfahrungsmäßig am besten zieht; es sind

---

[54] [KvR] „Gelbe Schnepfen" wurden auch Eulenköpfe genannt, letzteres vermutlich wegen ihrer großen, vorstehenden Augen, die man nicht nur im Liegen fast immer zuerst erblickt, sondern bei mäßiger Entfernung, und — worauf freilich das Meiste ankommt — bei hinlänglich kaltem Blute, selbst im Flug oft ganz deutlich erkennt, wenn man sich eines scharfen Gesichtsorganes zu erfreuen hat. Eulenköpfe sollen schwerfälliger und mit größerem Geräusche aufstehen; öfter und vernehmlicher quarren und streichen, an warmen Tagen, augenscheinlich langsamer; auch sollen sie den Hund besser aushalten.
Quelle: „Die Waldschnepfe", Diezel 1842
[55] [KvR] Bei Waldschnepfen existiert kein Geschlechtsdimorphismus.
[56] [KvR] Der Johannistag ist das Hochfest der Geburt Johannes' des Täufers und wird am 24. Juni gefeiert.

dies gewöhnlich kleine Brüche, Schonungen, kleine Waldwiesen, Bruchschlenken[57] und niedrige Stangenhölzer, die von Hochwaldungen umgeben sind; hier sucht man sich mehr nach dem Rand zu eine Stelle aus, auf der man weit genug um sich sehen und freischießen kann und doch dabei gedeckt steht, so dass die heranziehende Schnepfe die Bewegungen des Jägers nicht leicht bemerken kann. Einzelne Sträucher, die einem die Umsicht nehmen, stutzt man ein. Man stellt sich nie so nahe an hohe Bäume, dass einem dadurch das

[Seite 58] Die Schnepfenjagd: a) Auf Waldschnepfe

freie Schießen genommen wird. Bei starkem Wind kann man sich frei hinstellen und wählt dann am besten große Blößen. Das Gesicht nimmt man dahin, wo die Schnepfen gewöhnlich herkommen. Wenn es dunkel wird, stellt man sich mit dem Gesicht gegen Osten und lässt die Schnepfe erst gegen den helleren Westhimmel ziehen ehe man schießt.

Der Hund darf nicht angebunden werden, weil er unangebunden die heranziehenden Schnepfen besser markiert, und auch eine heruntergeschossene Schnepfe sogleich apportieren muss, da es sich sonst oft ereignet, dass man eine flügellahm geschossene oder verwundet heruntergefallene Schnepfe nicht bekommt. Sobald der Gesang der kleinen Singvögel und zuletzt der geschwätzigen Schwarzdrossel verstummt und wenn sich schon einzelne Sterne am Horizont markieren, fängt die Schnepfe an zu ziehen, und zwar bei kalter Witterung schnell und stumm, bei warmer Witterung langsam und laut, wobei sie sich durch ihr: „Pist, pist, gnurbel, gnurbel, pist" dem Jäger schon von fern anmeldet.

Erscheinen mehrere Schnepfen zugleich, so ist es gewöhnlich ein Weibchen, dem ein oder mehrere Männchen folgen, die sich den Besitz des Weibchens

[57] [KvR] Niederungen (Riegen)

60

streitig machen und dabei mit ihren langen Schnäbeln nacheinander stechen. Häufig sind sie dann so nahe beisammen, dass beide mit einem Schuss erlegt werden können, wenn man den rechten Moment benutzt. Man schießt in diesem Falle spitz von vorn, zielt aber dabei bestimmt auf eine Schnepfe und bringt, wenn es nötig ist, den zweiten Schuss noch von hinten an. Auf einzelne heranziehende Schnepfen schießt man nicht spitz von vorn, sondern man lässt sie erst so weit heranziehen, dass man seinen Schuss von der Seite oder von

[Seite 59] Die Schnepfenjagd: a) Auf Waldschnepfe

hinten abgeben kann, weil der Schuss seitwärts und von hinten, besonders wenn es schon dunkel geworden ist, leichter ist, als spitz von vorn.

Beim Seitwärtsschießen muss entsprechend vorgehalten werden, schießt man spitz von hinten, so hält man etwas darunter. Nach dem Schuss macht eine nicht getroffene Schnepfe gewöhnlich eine Schwenkung nach unten, erhebt sich aber bald wieder und zieht in ihrem Strich weiter. Der Anstand des Morgens auf dem Zug ist nicht so lohnend, weil dann wie schon oben erwähnt, die Schnepfe sehr schnell und nicht solange zieht, als des Abends.

Wenn im Frühjahr zu der Zeit, wo die Schnepfen schon hier sind, noch Schnee fällt, stellt man sich an Suhlen und kleine Wasserlöcher an.

Im Herbst fallen die Schnepfen auf hochgelegenen großen zusammenhängenden Revieren, bei anhaltender trockener Witterung gern an Suhlen und Wasserlöchern ein, um hier in dem weichen Boden zu stechen. Man spürt diese Wasserlöcher ab und setzt sich dann hinter einem Schirm, der den Jäger auch nach oben decken muss, auf 20 Schritte Entfernung vom Wasserloch an. Ist ein solcher Ort sehr überdeckt und finster, so streut man weißen Sand um das Wasser herum, auf welchem sich dann die Schnepfe besser markiert. Kann die ganze Suhle oder das ganze Wasserloch nicht von einer Stelle beschossen werden, so überdeckt man den zu entfernt liegenden Teil mit Dornen oder mit Reisig. Gewöhnlich fallen die Schnepfen nicht gleich ein, sondern umkreisen erst hoch und zuletzt immer niedriger das Wasserloch, bis sie sich sicher glauben und endlich einfallen. Bei diesem Umkreisen ziehen sie auch oft auf mehrere Minuten ganz fort.

Fällt die Schnepfe ein, so bleibt sie mit gesenktem Schnabel einige-

Minuten still sitzen, um erst zu sichern. Während dieser Zeit darf der Schütze, selbst in der besten Deckung, nicht die geringste Bewegung machen, weil die Schnepfe das kleinste Geräusch sogleich wahrnehmen und dann fortstreichen würde. Erst wenn sie herumläuft und im Wurmen und Stechen begriffen ist, darf man das Gewehr an den Kopf nehmen und schießen. Hierbei ereignet es sich öfter, dass Schnepfen, die vorbeigeschossen sind, ruhig weiter stechen und den Jäger Zeit lassen, von Neuem zu laden und nochmals zu schießen. Man darf deshalb auch nicht immer annehmen, dass die Schnepfe totgeschossen sein müsste, wenn sie nach dem Schuss nicht fortzieht.

Auf dem Schnepfenstrich lädt man gern in das eine Rohr etwas gröberen Schrot (Nr. 5 oder 4) um weiter schießen zu können, weil man der Schnepfe nie einen Schuss schenkt. Auf der Suche schießt man mit Nr. 6.

Die Suche betreibt man im Frühjahr und Herbst an sonnigen stillen Tagen in den Stunden von 9 — 3 Uhr in Laubholzwäldern, in Dornen-, Wachholder-, Haselbüschen und besonders auf niedrigen sumpfigen Stellen, wo Laub modert. Wenn es geregnet hat, findet man die meisten Schnepfen auf jungen kahlen Schlägen, weil es denselben dann im Gebüsch zu nass ist. Der Hühnerhund muss ganz kurz suchen, weil die Schnepfen gewöhnlich nicht gut halten. Schnepfen, auf die beim Herausziehen nicht geschossen wird, fallen bald wieder ein. Kann man dabei den Ort nicht sehen, wo sie eingefallen sind, so merkt man sich nur die Richtung und sucht in dieser weiter. Ist eine Schnepfe mehrere Male außer Schussweite herausgezogen und man sieht sie wieder einfallen, so gehe man in einem Bogen um dieselbe herum und nähere sich ihr von der entgegengesetzten Seite;

hält sie auch dann nicht, so gibt man sie am besten auf. Beim Herausziehen weiß die Schnepfe sehr geschickt jeden Strauch oder Baum zu benutzen, um gedeckt fortzukommen, weshalb sich auch der Jäger, wenn der Hund vorsteht, so aufstellen muss, dass er womöglich nach allen Seiten frei hinschießen kann. Solche Orte, auf welchen man sich des Abends anstellen will, dürfen bei Tage durch die Suche nicht beunruhigt werden; weil diejenigen Schnepfen, die bei Tage gestört wurden, des Abends gar nicht oder doch nur wenig und immer stumm ziehen.

Hält die Schnepfe bei der Suche nicht gehörig aus, so versucht man es mit **dem Treiben**, wozu man auch in dichten Schonungen, wo nicht geschossen werden kann, seine Zuflucht nehmen muss. Es kommt bei solchen Treiben besonders darauf an, dass die Schützen genügenden Raum zum Schießen haben und nicht gegen die Sonne schießen müssen. Man braucht dabei keine Rücksicht auf den Wind zu nehmen. Die Treiben werden klein und kurz gemacht, die Treiber gehen eng bei einander, ohne großen Lärm zu machen. Streichen die Schnepfen in das Treiben zurück, so wird dasselbe Treiben noch einmal und vielleicht nach einer andern Seite hin gemacht. Sieht man im Treiben eine Schnepfe gelaufen kommen, was übrigens gar nicht selten passiert, so muss man mit dem Heraufnehmen des Gewehrs sehr vorsichtig sein, weil die Schnepfe leicht jede Bewegung wahrnimmt und dann sogleich umkehren würde.

Um den Ort des Einfallens der aus dem Treiben fortstreichen den Schnepfen zu erfahren, lässt man einen Treiber auf einen hohen Baum klettern, und von hier aus die fortziehenden Schnepfen beobachten.

b) Die Bekassine

Die Bekassine oder auch Haarschnepfe, bei den Alten wegen ihres meckernden Lautes, den sie im Frühjahr hören lässt, die Himmelsziege genannt, kommt gewöhnlich Mitte März bei uns durch und kehrt Mitte August zu uns zurück; sie ist nebst der Hohltaube ein sicherer Vorbote der Waldschnepfe.

Über die Art des Hervorbringens jenes meckernden Tons, den man immer nur vom Männchen in der Luft und nur während der Paarzeit hört, sind verschiedene Meinungen verbreitet. Man behauptet, er entstehe durch die schnelle Bewegung der Schwungfedern, wenn sich die Bekassine in der Luft aus der Höhe herunterfallen lässt, ferner wird behauptet, jener Ton entstände infolge des durch die ausgebreiteten Schwungfedern pfeifenden Windes; viele aber stimmen wohl der neuern Erklärung bei, dass nämlich jener Ton ein Begattungs- oder Balzlaut sei, der von dem Bekassinen-Männchen ebenso wie von allen anderen Tieren vermittelst seiner Stimmorgane hervorgebracht wird, also aus der Kehle kommt, das Trillern dieses Lautes, welches ihm Ähnlichkeit mit dem Meckern einer Ziege gibt, soll durch Erschütterungen des Lungenkastens hervorgebracht werden und diese sollen durch Bewegung der Flügel entstehen.

Die Jagd auf Bekassinen im Frühjahr ist wenig belohnend, weil der Durchzug nicht lange dauert und auch gar nicht ratsam, weil man sich leicht die Brutbekassine dabei totschießt. Dagegen betreibt man im Sommer und Herbst, vom August bis November, die Suche umso fleißiger. Ende Juli wird die junge Brut flugfähig und kann dann geschossen werden. Im September reviert man täglich diejenigen Stellen und nassen Brüche ab, wo die Bekassine gern einfällt, damit man nicht solche Tage

verabsäumt, wo viel Schnepfe da ist und gut hält, was nicht alle Tage der Fall ist.

Um sicherer und bequemer schießen zu können, sucht man auf Bekassinen mit Wind. In den meisten Fällen wird hierbei die Bekassine ganz gut halten und kann auch viel sicherer geschossen werden, weil sie nie mit dem Wind, sondern immer gegen Wind fortstreicht und in diesem Fall erst um den Schützen herumstreichen muss, um gegen den Wind zu kommen. Während dessen hat der Jäger Zeit genug, seinen Schuss abzugeben, was im andern Fall, wenn die Bekassine nach vorn hin weiterstreicht, wegen des pfeilschnellen unsicheren Fluges sehr schwer ist. Als Regel gilt hierbei übrigens, dass man nicht gleich nach dem Aufstehen abdrückt, wo die Bekassine meist 10 bis 15 Schritt im Zickzack fliegt, sondern erst abwartet, bis sie gerade fortzieht.

Natürlich darf man hierbei nicht lange zielen, weil sich die Bekassine bei ihrem äußerst schnellen Flug in wenigen Augenblicken außer Schussweite entfernt hat, sondern man muss im Anschlag zielen und drücken und auch nur kurze Gewehre dabei führen, mit denen man schneller fertig wird, wie mit langen Gewehren.

Schrot Nr. 6 bis 7 ist für Bekassinen am besten, man lade gern wenig Pulver und viel Schrot. Die aufgejagten Bekassinen kehren meist zurück, wenn in der Nähe keine Gelegenheit zum Einfallen vorhanden ist, weshalb man sich auch an einem kleinen Bruch, welcher ganz abgesucht worden [ist], ruhig hinsetzt, um die Rückkunft der Bekassinen abzuwarten.

c) Die kleine Schnepfe

Die kleine, stumme oder Haarschnepfe[58] trifft einige Wochen später bei uns ein, wie die Bekassine, sie liegt sehr fest

und muss immer gegen Wind oder doch mit halbem Wind gesucht werden, damit sie der Hund nicht so leicht übergehen kann. Man lade am zweckmäßigsten das rechte Rohr mit Dunst und das linke mit Nr. 8.

d) Die Pfuhlschnepfe[59]

Die Pfuhl- oder Mittelschnepfe kommt erst Mitte Mai und kehrt vereinzelt Mitte August zurück. Sie fällt am liebsten auf feuchten Wiesen und am Rand von Seen und Teichen ein. Sie liegt fest und fliegt schwerfällig, so dass sie nicht schwer zu schießen ist. Ihr Wildbret soll wohlschmeckender sein, als das der übrigen kleinen Schnepfen, außerdem ist sie auch größer als die Bekassine und wird dieser vorgezogen. Bei den meisten dieser Schnepfenjagden, sowohl wie bei der nachfolgenden Entenjagd, wird man mehr oder weniger gezwungen sein, im Nassen herumzulaufen; man muss dazu mit guten wasserdichten Stiefeln ausgerüstet sein, auf deren Behandlung eine gehörige Sorgfalt verwendet werden muss, besonders wenn sie nicht täglich getragen werden. Nach dem Gebrauch der Wasserstiefel ist es notwendig, dieselben langsam trocknen zu lassen und noch ehe sie ganz trocken sind, mit Fett einzureiben. Zum Austrocknen der Stiefel steckt man Stroh hinein und zwar möglichst viel, damit das Leder nicht zusammentrocknen kann.

---

[58] [KvR] Regener bezeichnet hier die „kleine Schnepfe" genauso wie die Bekassine (Seite 62) als Haarschnepfe. Regener gibt keinen lateinischen Art- oder Unterartnamen an, so dass eine exakte Zuordnung der „kleinen Schnepfe" nicht erfolgen kann. Auch in der Literatur des 18. und 19. Jahrhunderts findet sich keine klare Beschreibung.

[59] [KvR] *Limosa lapponica*

18. Die Entenjagd

Für die verschiedenen Entenarten, die bei uns vorkommen, lassen sich die unten beschriebenen Jagdmethoden fast alle gleichmäßig anwenden.

Am meisten Vergnügen gewährt **die Suche mit dem Hühnerhund** zu der Zeit, wo die jungen Enten anfangen flugfähig zu

werden. Es kommt dabei besonders auf den richtigen Zeitpunkt an. Die Enten dürfen noch nicht ganz flugfähig sein, sie müssen jedoch so stark sein, dass sich auf den Flügeln schon das weiße Schild (der sogenannte Spiegel) deutlich zeigt. Lässt man sie ganz flugfähig werden, so ist die Jagd schwieriger, weil sich dann meist beim ersten Schuss das ganze Schoof erhebt und fortzieht. Vor Mitte Juli werden die jungen Enten selten flugfähig; die Krickenten später wie Märzenten.

Schon vom Aufstehen der alten Ente wird man auf die Stärke der jungen Enten richtig schließen können. Solang die jungen Enten noch schwach sind, zieht die alte Ente mit vielem Lärm heraus, sie flattert langsam über dem Wasser hin, und sucht dabei den Hund von ihren Jungen abzuführen; sind dagegen die jungen Enten schon schießbar, so wird die Alte mehr in die Höhe ziehen und sich auf eine kurze Zeit ganz entfernen. Muss man befürchten, dass die Alte ihre Jungen infolge der einmaligen Beunruhigung fortführt, so schießt man gezwungenermaßen die alte Ente tot; die Jungen müssen aber mindestens schon wie zwei Fäuste groß sein, weil sonst viele von den kleinen Waisen umkommen würden. Wenn sich die Alte mit ihren Jungen nicht sicher glaubt, führt sie diese oft meilenweit per pedes[60] über Sand und Feld nach einem ruhigeren Wasserloch hin. Im Übrigen aber tut man

---

[60] [KvR] zu Fuß

sich Schaden, wenn man die alte Ente schießt, weil alte Brutenten mehr Eier legen und vorsichtiger beim Brüten sind und auch ihre Jungen besser führen, als junge Brutenten, außerdem sind alte Brutenten auf der Tafel wenig beliebt.

Bei der Suche lässt man die Enten durch den Hühnerhund aus dem Rohr[61] heraustreiben, die dann entweder herausziehen, oder aber aus dem Rohr über die Wasserblänke[62] schwimmen,

um sich jenseits zu verbergen. Man stellt sich deshalb, wenn der Hund Enten markiert, auch so auf, dass man die Wasserblänke überschießen kann, muss aber hierbei vorsichtig sein, weil das Schrot auf dem Wasser aufsetzt und noch weit wegfliegt. Die aufgefundenen Enten müssen vom Hund rasch verfolgt werden, weil sie sich gern aus dem Staub machen, besonders wenn man sie auf kleinen Wasserlöchern findet, wo sie dann äußerst schnell weglaufen, um sich in anstoßende Wiesen oder Felder zu verkriechen. Solang sie nicht gut fliegen können, versuchen sie auch ihr Heil im Tauchen, wobei sie oft große Strecken unter dem Wasser fortschwimmen und nur ab und zu mit dem Kopf über Wasser kommen, um zu atmen. Unter solchen Umständen wird es natürlich dem Hund schwer, den Enten zu folgen und man darf sich dann nicht lange auf der Stelle aufhalten, wo man die Enten zuerst gefunden hat, sondern man muss den Hund animieren weiter zu suchen. Hat man auf eine schwimmende Ente gefeuert, oder aus der Luft eine Ente heruntergeschossen, die der Hund im Wasser

---

[61] [KvR] Schilf

[62] [KvR] Blänken sind flache natürliche Tümpel mit periodisch wechselndem Wasserstand. Im Sommer steht in den Blänken, wenn überhaupt, nur noch an den tiefsten Stellen Wasser. Blänken weisen eine eigene Tier- und Pflanzenwelt auf, die sich auf jahreszeitlich extrem schwankende Wasserstände eingestellt hat.

nicht finden kann, so tut man gut, wenn man ruhig weiter sucht und erst nach Verlauf [einer] ¼ Stunde nach jener Stelle zurückkehrt, wo dann der Hund die verendete oder noch lebende aber schon zum Vorschein gekommene Ente bestimmt finden wird.

In großen Rohrbrüchen lässt man sich zu Anfang des Sommers krumme Schneisen mähen, besetzt diese mit Schützen und lässt die Enten durch Treiber und Hunde den Schützen zutreiben; es ist hierbei auch vorteilhaft, hinter die Treiber Schützen zu postieren, die die zurückschwimmenden Enten erlegen können; ebenso veranstaltet man im Mai, wo die Erpel mausern und deshalb oft gar nicht in die Höhe fliegen können, auf großen Seen förmliche Treibjagden, wobei die Mauser-Erpel aus

dem Rohr auf die Blänke getrieben und dort geschossen werden. Die Ente mausert erst im Juni und auch nicht so schnell und so stark, wie der Erpel, so dass sie auch während der Mauserzeit fliegen kann. Während der Brutzeit, im April, dürfen keine Erpel geschossen werden, weil die alte Ente nicht weiter brütet, sobald sie von ihrem Gemahl getrennt wird.

Der Anstand auf dem Entenzug ist gewöhnlich nicht sehr dankbar, weil die Ente meist zu hoch und sehr schnell zieht; man wählt deshalb auf dem Wechsel der Enten auch den höchsten Punkt und hält beim Schießen ein gutes Stück vor. Lohnender ist der Anstand am Enteneinfall, wenn man diejenige Stelle ausfindig gemacht hat, wo die Enten regelmäßig des Abends einfallen, um hier Nahrung zu suchen. Die Enten verlassen nämlich gegen Abend die größeren Seen und Teiche und suchen sich nasse Wiesen, Tümpel und kleine flache Wasserlöcher auf, wo sie regelmäßig einfallen und sich während der Nacht Nahrung suchen; sie nehmen hierbei meist immer denselben Weg, so dass der Anstand auf dem Entenzug sowohl, wie auf dem Einfall, ziemlich sicher ist. An dergleichen

Wasserlöcher etc., wo regelmäßig Enten einfallen, stellt man sich gegen Abend in schussmäßiger Entfernung mit gutem Wind und gehörig gedeckt an. Betreibt man an solchen Orten den Anstand öfter, so baut man sich eine kleine Erdhütte am Ufer.

Im Winter lässt sich der Anstand bei großer Kälte oft mit besonderem Vorteil betreiben, wenn die Gewässer und Bäche bis auf einzelne kleine Stellen zugefroren sind; man stellt sich dann an diese offengebliebenen Stellen möglichst gedeckt an und benutzt hierzu die mondhellen Nächte. Bei Schnee und auf dem Eis kleidet man sich dabei ganz weiß. Sind keine offenen

Stellen vorhanden, so lässt man sich am Uferrand in schussmäßiger Entfernung von den oben angelegten Erdhütten gegen Abend Lumen hauen.

Beim Schießen auf schwimmende Enten, was übrigens möglichst zu vermeiden ist und nur dann stattfinden darf, wenn man mehrere mit einem Schuss zu erlegen hoffen darf, oder wenn man nahe genug ist, muss etwas darunter gehalten werden und die ganze Ente aufsitzen, d.h., die ganze Ente muss über der Visierlinie genommen werden.

Wenn sich im Winter bei Kälte Eis am Rand des Wassers gebildet hat, darf man eine in das Wasser gefallene Ente nie durch den Hund apportieren lassen, weil der Hund dabei leicht Schaden nehmen kann; man sucht in solchem Fall die Ente durch Ausfischen zu bekommen, oder man gibt sie lieber ganz auf; lässt sich dies voraussehen, so darf man gar nicht schießen. Zum Ausfischen bedient man sich einer Stange, an der man einen Haken befestigt.

Das Beschleichen der Enten gelingt besonders bei stürmischer schlechter Witterung auf kleinen schmalen Bächen mit hohen Ufern. Man schleicht mit gutem Wind und gedeckt durch das Ufer vorsichtig an diejenigen

70

Stellen heran, wo die Enten am liebsten liegen. Bei flachen Ufern, wo Deckung zum Anschleichen fehlt, benutzt man die bei der Hühnerjagd näher beschriebene Kuh oder auch eine leichte tragbare Schilfwand von 7 Fuß Höhe und 4 Fuß Breite. Diese Schilfwand muss mehrere Schießlöcher haben und einem Schilfbusch ähnlich aussehen. Man rückt damit in grader Linie, ohne Seitenbewegungen, und ganz langsam auf die dicht am Ufer schwimmenden Enten los und stellt die Schilfwand hin, sobald man nahe genug heran ist, um dann seine

[Seite 69] Die Entenjagd

Schüsse auf die Enten abzugeben. Liegen die Enten am Ufer zu beiden Seiten sehr zerstreut, so muss man sich auch nach den Seiten decken; man wählt dann beim Anschleichen lieber solche Stellen, wo weniger Enten liegen.

Wenn im Frühjahr oder Spätherbst die Enten auf Seen und großen Flüssen zu weit vom Ufer entfernt liegen, so sucht man durch das sogenannte **Ankellen** schussmäßig heranzukommen. Man nimmt hierzu einen recht leichten Kahn und maskiert denselben mit Schilf und grünen Reisern so, dass er von vorn wie ein Busch oder Schilfhaufen aussieht. Bei ganz windstillem Wetter setzt man sich mit einem Ruderer, der übrigens auch Jäger sein und ein Gewehr bei sich liegen haben kann, in diesen Kahn und lässt durch den Ruderer den Kahn mit gutem Wind gerade auf die Enten losdirigieren. Hierbei muss der Kahn immer genau mit seiner Spitze gegen die Enten gewendet sein, der Jäger liegt dabei der Länge nach auf dem Bauch in der Spitze des Kahns und hat die Mündung des Gewehres durch den Schilf- oder Reisigschirm durchgesteckt. Mit dem Kopf liegt er am Kolben, so dass er vor Abgabe seines Schusses sich gar nicht mehr zu bewegen braucht. Mit seinen Füßen gibt er dem Ruderer die vorher verabredeten Zeichen, wie dieser den Kahn dirigieren soll. Zum Rudern benutzt man eine große kurzstielige Kelle. Der Kahn muss ganz langsam an die Enten heranschwimmen und es darf beim Rudern nicht das geringste Geräusch gemacht werden, selbst im Wasser darf keine Bewegung sichtbar sein. Wenn sich der Kahn den Enten auf Schussweite nähert, sammeln sich diese gewöhnlich und stecken die Köpfe zusammen, welchen Moment der Jäger wahrnehmen muss, um dann durch den Schilfbusch seinen ersten Schuss auf die Entenköpfe abzugeben, während der zweite Schuss

und die Schüsse des schnell aufspringenden Kahnführers auf die wegziehenden Enten anzubringen sind.

19 Die Jagd auf wilde Gänse

Die wilde Gans ist einer der scheuesten und vorsichtigsten Vögel, weshalb auch die Jagd auf wilde Gänse selten von gutem Erfolg ist. Um ihnen durch Treiben oder auf dem Anstand Abbruch zu tun, muss man vor allen Dingen diejenige Richtung ermitteln, in welcher die Gänse von einem Feld zum andern ziehen. An trüben windigen Tagen oder bei Nebel, am besten aber bei Schneegestöber, veranstaltet man Treibjagden, wobei die auf der Saat liegenden Gänse mit einer langen Treiberlinie halbmondförmig umschlossen und den in gutem Wind und recht versteckt aufgestellten Schützen zugetrieben werden. Ehe die Gänse nicht ganz schussrecht sind, dürfen sich die Schützen nicht bewegen, weil sonst die Gänse in die Höhe ziehen und dann nicht zu erreichen sein würden. Des Nachts bei Mondschein und bei Schnee sind diese Treiben besonders ergiebig, weil sich dann die Gänse besser treiben lassen und auch nicht so hoch ziehen, wie bei Tage.

Den Anstand betreibt man des Abends an solchen Orten, wo die Gänse regelmäßig einfallen, man gräbt sich dazu ein Loch in die Erde und überdeckt dasselbe mit langem Stroh, damit es wie ein Düngerhaufen aussieht. Bei bevorstehendem Witterungswechsel bleiben die Gänse selten lange an einer Stelle liegen, sondern

72

ziehen unruhig von einem Ort zum andern, wobei sie ihr bekanntes Geschrei fleißig ertönen lassen. An solchen Tagen wählt man sich in einem Graben oder in einer Hecke einen recht

gedeckten Stand und wird oft zu Schuss kommen, wenn nebenbei die Luft noch recht neblig und dunkel ist.

Das Anfahren mit Wagen oder Schlitten gelingt auch zuweilen. Man sucht dabei auf der rechten Seite ganz langsam auf Schussweite vorbei zu fahren und schießt, wenn man ruhige Pferde hat, vom Wagen aus. Gewöhnliche Bauerwagen mit recht mageren und ruhigen Pferden bespannt, eignen sich am besten hierzu, weil die Gänse in dergleichen Fuhrwerk wenig Misstrauen setzen und oft recht gut aushalten. Man darf sich jedoch hierbei den Gänsen nicht durch mehrmaliges Umkreisen zu nähern suchen, wie es bei Trappen und Kranichen mit Vorteil geschieht, sondern man lässt den Wagen auf der rechten Seite auf Schussweite ruhig vorbeifahren. Bei großer Kälte und tiefem, hartgefrorenem Schnee haben die wilden Gänse mehr zu leiden, wie das übrige Federwild, weil sie dann auf den Gewässern keine offenen Stellen finden und auch auf den Saatfeldern nicht im Stande sind, sich mit ihren nur zum Schwimmen eingerichteten Ständern den tiefen und hartgefrorenen Schnee wegzuscharren; sie werden zu solchen Zeiten natürlich unaufmerksamer und zuletzt förmlich zahm, so dass ihnen dann leicht Abbruch getan werden kann. An warme Quellen, die selbst bei der strengsten Kälte nie zufrieren, fallen die Gänse zu solchen Zeiten in großer Menge ein und man ist dann sehr überrascht, da wilde Gänse zu finden, wo man sie sonst noch nie gesehen hat.

In all den Fällen, wo man nicht gut schussmäßig heranzukommen glaubt, führt man am besten die Büchsflinte, mit der man auch öfter im Fluge

73

Versuchsschüsse macht, wobei aber das nötige Vorhalten nicht vergessen werden darf. Glaubt man jedoch bei Treibjagden auf nähere Distanzen zu Schuss

[Seite 72] Die Jagd auf wilde Gänse

zu kommen, so nimmt man am besten eine Doppelflinte mit großem Kaliber und lädt sie mit Nr. 0 oder 1 und ¼ oder ½ Schuss Pulver mehr als gewöhnlich. Postenschüsse haben selten guten Erfolg, weil die wenigen Posten, die man einladen kann, zu weit auseinander fliegen und nicht gehörig decken. Nur beim Anfahren, wo man seinen Schuss auf die Gänse im Sitzen abgeben kann, ist es ratsam, sich derselben zu bedienen. Wegen des starken Gefieders darf man mit Schrot nie von vorn auf Gänse schießen, sondern immer von der Seite oder von hinten.

Zweite Abteilung

Der Fang des Wildes

Zweite Abteilung
Der Fang des Wildes

Der Fang des Wildes wird von manchen Jägern recht fleißig betrieben, weil ihre Mühe sowohl durch Vergnügen, als auch durch ansehnlichen Vorteil reichlich belohnt wird, während sich viele Jäger aus Unkenntnis gar nicht damit beschäftigen können.

Natürlich sind unsere alten Fangmeister nicht leicht dazu zu bewegen, ihre geheimnisvollen Künste und guten Wittrungen andern Jägern und am allerwenigsten ihren Grenznachbarn mitzuteilen, weil sie sich dadurch in ihrer eigenen Praxis Abbruch tun würden; so dass junge Jäger kaum Anleitung zum Fangen erhalten, viel weniger aber in die schwarze Kunst eingeweiht werden, gute Wittrungen kochen zu lernen.

Für solche Jäger hat der Verfasser im Nachstehenden Anleitung erteilt und außerdem auch noch manches Neue in den engen Raum seiner Zeilen aufgenommen.

Der Erfolg des Fangs ist hauptsächlich von der Kenntnis der Fang-Apparate, vom Besitz guter Wittrungen und von der richtigen Anwendung der verschiedenen Fangmethoden auf die einzelnen Wildarten abhängig. Außerdem gehört aber noch Passion und Ausdauer dazu, denn ohne diese würde dem Jäger öfters die Geduld ausreißen, wenn z.B. ein bereits geprellter Fuchs die Brocken auf den Kirrplätzen regelmäßig alle Nächte abholt, während er den Brocken auf dem Fangplatz immer verschmäht, sobald das Eisen gelegt ist. Für den passionierten Jäger haben dergleichen Ausnahmefälle gerade den größten Reiz, weil es hier darauf ankommt, den schlauen Fuchs durch noch größere Schlauheit zu überlisten, was dem unermüdlichen Jäger schließlich doch gelingt, indem er auf dem Fangplatz und besonders auf den Kirrplätzen allerlei Veränderungen vornimmt, wie es hinten näher beschrieben ist.

Erster Abschnitt.

Von den Fang-Apparaten.

1. Der Schwanenhals

Der Fang im Schwanenhals, oder auch Berliner Eisen genannt, ist eine der sichersten Fangweisen und deshalb auch bei den Jägern sehr beliebt. Der listige Fuchs, der in so vielen Fällen durch seine Schlauheit den Nachstellungen des Jägers entgeht, kann dem gut witternden Brocken nicht widerstehen und findet im Schwanenhals doch endlich seinen Tod.

Die Größe des Schwanenhalses muss sich nach der Wildgattung richten, die man darin fangen will. Für Füchse, Fischotter und wilde Katzen wählt man die mittlere Größe, wo die ausgespannten Bügel übers Kreuz gemessen 14 und 20 Zoll Durchmesser haben. Für Marder benutzt man kleinere Eisen.

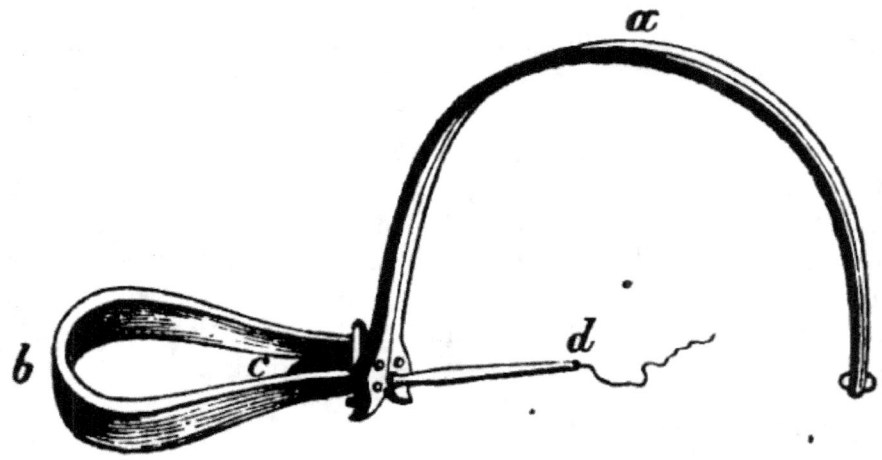

Fig. 1. **Der Schwanenhals**

Der Schwanenhals, Fig. 1, besteht aus: a) den beiden Bügeln, b) der Feder, c) dem Stellschloss und d) der Pfeife.

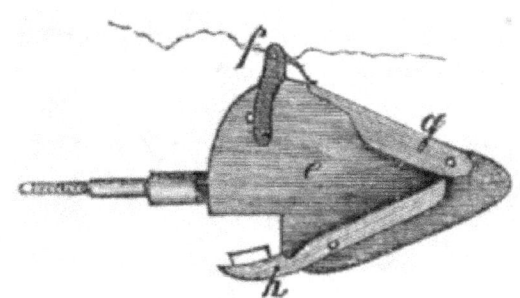

Das Stellschloss, Fig. 2, besteht aus: e) der Schlosskapsel, f) dem Stellhaken, g) der Stellzunge und h) dem Drücker;

Fig. 2. **Das Stellschloss**

außerdem sind noch, Fig. 3, i) die Schnellstange am rechten Bügel und k) der Stellstift am linken Bügel befestigt.

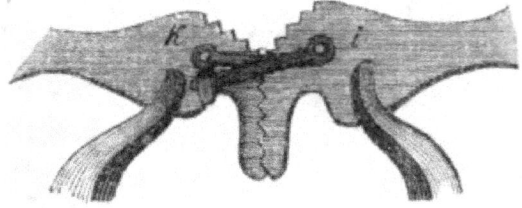

Fig. 3. **Die Schnellstange und der Stellstift**

78

Wenn man einen Schwanenhals kauft, so prüft man alle Teile, ob sie auch keine Brüche oder Sprünge haben, und bedinge sich eine 14-tägige Probezeit [aus]. Während dieser Zeit stelle man den Schwanenhals auf und lasse ihn 10 Tage und 10 Nächte aufgestellt hängen, ohne ihn in dieser Zeit einmal abzuspannen. Nach Verlauf dieser Frist lasse man ihn mehrere Male hintereinander abschlagen, wobei man dann darauf zu sehen hat, dass er auch noch schnell genug ist, d.h., er muss so schnell zuschlagen, dass die schnellste Bewegung des Fuchses das Entkommen desselben nicht mehr möglich macht; ferner, dass er auch beim Zuschlagen vom Boden etwas in die Höhe springt und, dass auch die Feder die Bügel noch so fest zusammenhält, dass man einen dazwischen gesteckten Finger nicht herausziehen kann. Eine gute Feder muss dann noch ebenso viel Kraft äußern als vorher. Beim Abziehen des Schwanenhalses darf man die bloßen Bügel nie zusammenschlagen lassen, sondern muss immer einen weichen Gegenstand dazwischen halten, weil sonst die Bügel leicht zerspringen können.

Beim **Aufstellen des Schwanenhalses** verfährt man auf folgende Weise: Man legt den Schwanenhals auf einen gedielten Fußboden, kniet vor demselben, d.h., vor den Bügeln nieder, so dass die Bügelschraube unmittelbar an die Knien zu stehen kommt. Nachdem man dann mittels eines spitzen Keils die Bügel etwas auseinandergebrochen hat, ergreift man mit jeder Hand einen Bügel, mit den Daumen nach innen, und drückt die Bügel so weit auseinander, bis sie waagrecht liegen; hierauf legt man auf jeden Bügel ein Knie, hält die waagrecht liegenden Bügel mit den Knien fest und greift mit beiden Händen nach dem Stellschloss, legt hier den Stellstift unter die Schnellstange,

79

drückt die Schnellstange herunter und legt den Drücker über die Schnellstange, sodann zieht man den Stellhaken über die Stellzunge und steckt schließlich den Sicherheitsstift hinter den Stellhaken in die in der Schlosskapsel dazu befindlichen Löcher, um hierdurch das Losschlagen des Eisens zu verhindern. Nachdem auch dies geschehen, ergreift man der Vorsicht halber mit beiden Händen wieder die Bügel und versucht durch ein allmähliches Nachlassen des Drucks, ob auch der Schwanenhals richtig und fest steht und zieht zuerst die Knie, dann den Kopf und zuletzt die Hände allmählich zurück, indem man mit den Druck der Hände endlich ganz nachlässt und sie dann zurücknimmt.

Zur Erleichterung des Auseinanderdrückens der Bügel legt man einen kleinen Klotz von 1 ½ Zoll Höhe und 3 bis 4 Zoll Breite und Länge unter die Krapfen.

Der Sicherheitsstift muss am oberen Ende eine Öse mit einem darin befindlichen Bindfaden haben, um ihn an der Feder festbinden zu können, so dass er nicht herausfallen kann.

Zum Losschlagenlassen des Eisens befestigt man an den Stellhaken eine 4 Fuß lange Schnur, zieht dieselbe durch die Pfeife und nimmt vorsichtig, ohne den Bügeln mit dem Kopf zu nahe zu kommen, den Sicherheitsstift heraus; nachdem man dann einen weichen Gegenstand über die Bügel gehalten, zieht man am äußersten Ende der 4 Fuß langen Schnur in der Verlängerung der Pfeife und lässt den Schwanenhals losschlagen.

Zum Putzen des Eisens muss dasselbe auseinandergenommen werden. Man schraubt dabei zuerst das Stellschloss ab, drückt dann die Bügel, wie vorn beschrieben, auseinander und legt in den inneren Raum der auseinander gespannten Feder ein besonders dazu gefertigtes Brett, welches den inneren Raum der gespannten

80

Feder ganz ausfüllen, und von hartem starkem Holz gearbeitet sein muss. Hierauf lässt man die Bügel allmählich hochgehen und wird sie dann leicht von der Feder abnehmen können, weil diese durch das dazwischen gelegte Holz in ihrer Kraftäußerung aufgehalten wird. Zum Putzen des Eisens nimmt man trocknen Streusand; alte Rostflecke reibt man mit Sand und einem besonders dazu geschnittenen Holz ab. Zum Legen muss der Schwanenhals ganz sauber und rostfrei sein.

2. Das Tellereisen

Das Tellereisen, auch Treteisen genannt, vertritt bei manchen Jägern die Stelle des Schwanenhalses, kommt aber diesem an Sicherheit beim Fuchsfang lange nicht gleich, wenn auch die Handhabung und die Behandlung desselben viel leichter und einfacher ist, als beim Schwanenhals. Das größere Tellereisen benutzt man zum Fuchsfang und zum Fangen von Dachsen, wilden Katzen und Fischottern. Für die Fischotter nimmt man sehr starke Eisen mit zwei guten Federn. Die kleineren Eisen werden auf Marder, Iltisse und Wiesel gelegt.

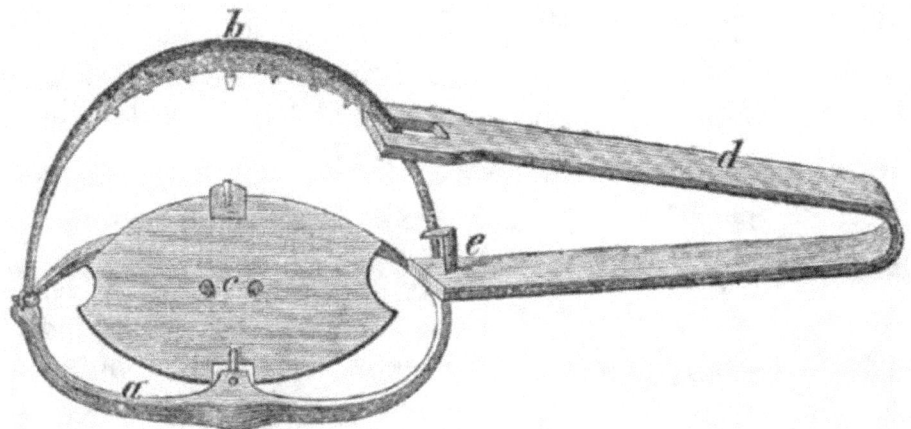

Fig. 4. **Das Tellereisen**

81

Das Tellereisen, Fig. 4, besteht aus: a) dem Kranz, b) den Bügeln, die mit Zähnen besetzt sind, c) dem Teller von Eisen, der mit Löchern versehen ist und sich um seine Achse dreht, d) der Feder und e) dem Sicherheitshaken.

Beim Spannen des Tellereisens drückt man zuerst die Feder herunter, dreht den Sicherheitshaken darauf und legt dann die Bügel auseinander. Hierauf richtet man die Stellstifte gehörig aufeinander und dreht zuletzt den Sicherheitshaken behutsam nach der äußeren Seite herum, so dass die Feder wieder frei wird. Bei starken Federn, die beim Aufstellen des Tellereisens mittels Schrauben zusammengeschraubt werden, schraubt man zuvor diese Schrauben aus der Feder heraus. Bei den großen Tellereisen hat der Kranz einen Durchmesser von 14 Zoll, bei den kleinen 8 bis 9 Zoll.

3. Das Angeleisen

Das deutsche Angeleisen besteht, Fig. 5, aus einer 2 ½ Zoll langen eisernen Stange, an welcher unten vier scharfe Spitzen von 2 Zoll Länge so angenietet sind, dass sie sich an die Stange anlegen und auch durch ihre Federn, die oben an der Stange befestigt sind, abdrücken lassen. Dieses Abdrücken der Spitzen darf jedoch nur so weit geschehen können, dass dieselben in einem halben rechten Winkel zur Stange zu stehen kommen. An dem

Fig. 5. **Das deutsche Angeleisen**

82

oberen Ende der Stange wird eine Messingscheibe befestigt, die sich mittels zweier darin befindlichen Löcher an einer eisernen Gabel auf und nieder schieben lässt. Am unteren Ende dieser Gabel sitzt ein stark befestigter Ring, der die Messingscheibe nach unten hin aufhält, und der die vier Spitzen in sich fasst, wenn man vorher die vier Federn beigedrückt und die Messingscheibe an der Gabel in die Höhe geschoben hat. Beim Herunterziehen der Stange schnellen dann die vier Spitzen plötzlich auseinander und drücken sich in dem Maul des daran zu fangenden Tieres fest.

4. Die Dachszange

Die Dachszange benutzt man beim Ausgraben der Dachse und Füchse, zum Festhalten und Herausziehen derselben aus

Fig. 6. **Die Dachszange**

dem Bau. Die beiden Arme dieser Zange, Fig. 6, sind 2 ½ bis 3 Fuß lang und drehen sich 1 Fuß von vorn, wie bei einer gewöhnlichen Schere oder Zange, um einen vernieteten Dorn. Am vorderen Ende der Zangenarme befinden sich zwei eiserne, nach unten gebogene Halbkreise, die in senkrecht nach unten stehende 1 ½ Zoll lange Spitzen endigen. Der von den beiden Halbkreisen gebildete Kreis muss einen Durchmesser von 4 Zoll haben und darf nicht so groß sein, dass die damit um den Hals gefassten Tiere den Kopf hindurchziehen können. Die Zangenarme dürfen nicht zu schwach und nicht biegsam sein.

5. Die Dachsgabel

Die Dachsgabel benutzt man zum Festhalten der von Hunden gestellten Dachse, um dieselben dann totzuschlagen. Man schiebt dabei diese Gabel dem Dachs über den Hals und drückt ihn damit gegen die Erde fest. Die Dachsgabel, Fig. 7,

Fig. 7. **Die Dachsgabel**

besteht aus einer 2 ½ bis 3 Zoll weiten und 6 Zoll langen eisernen zweizinkigen Gabel, an welcher ein 5 bis 6 Fuß langer hölzerner fester Stiel befestigt ist.

6. Der Dachshaken

Der Dachshaken wird zum Herausziehen der Dachse und Füchse aus der Röhre benutzt. Er besteht, Fig. 8, aus einem

Fig. 8. **Der Dachshaken**

2 ½ Fuß langen eisernen Haken, der unten mit einer scharfen Spitze versehen ist und oben einen hölzernen Griff hat.

7. Die Prügel- oder Brachfalle

Die Prügel- oder Brachfalle wird meist nur zum Fangen von Mardern benutzt, und eignet sich auch nächst dem Schlagbaum hierzu am besten. Zum Bauen einer solchen Falle,

Fig. 9. **Die Prügel- oder Brachfalle**

Fig. 9, nimmt man eine 4 ½ Fuß lange 6 Zoll starke Spaltlatte und lässt sie vermittels der Säge in der Mitte trennen, so dass man zwei kleine Bohlenstücke davon erhält. Eins von diesen Bohlenstücken, von welchem man vorher ½ Fuß abgeschnitten, versenkt man als Lagerprügel in der Richtung, Fig. 9, a. b. fast ganz in die Erde, so dass die runde Seite nach unten, die breite Seite nach oben zu liegen kommt. Hinten bei a. befestigt man diesen Lagerprügel mit einem am Ende desselben eingeschlagenen starken Pfahls, der nach dem Lagerprügel zu eine breite Fläche haben und 1 ¼ Fuß über der Erde hervorragen muss, damit nachher das zweite Bohlenstück sich an ihn stützen kann. Außer diesem Pfahl schlägt man noch zu beiden Seiten des Lagerprügels bei a. kleine Pfähle ein, die 3 Zoll über die obere Fläche des Lagerprügels hervorragen müssen. Am vorderen Ende des Lagerprügels schlägt man auf beiden Seiten, Fig. 9 bei b., einen 1 bis 2 Zoll starken und 3 Fuß langen Pfahl so ein, dass er 1 ½ Fuß über den Boden hervorragt. Auf den so befestigten unteren Lagerprügel passt man nun das andere ½ Fuß längere Bohlenstück, Fallprügel genannt, so auf, dass die beiden breiten Seiten aufeinander zu liegen kommen, und dass sich der Fallprügel an dem aus der Erde hervorragenden Pfahl

85

bei a. anlehnt, durch die bei a. zu beiden Seiten eingeschlagenen kleinen Pfähle aber am Seitwärtsrutschen verhindert und vorn bei b. zwischen den beiden dort befindlichen Pfählen sich ohne jede Klemmung auf und nieder bewegen lässt. Das ½ Fuß längere Ende steht vorn als Griff hervor. Wie aus der nebenstehenden Fig. 9 ersichtlich, werden von a. nach c. und von b. nach d. eine 3 Fuß lange Reihe Pfähle eingeschlagen, die nicht ganz so stark zu sein brauchen, wie die bei a. und bei b. und auch nur 1 ¼ Fuß über

[Seite 85] Die Prügel- oder Brachfalle

der Erde hervorzuragen brauchen. Zwischen diesen und den bei b., resp. bei c., eingeschlagenen Pfählen muss ein kleiner Zwischenraum für die Zunge bleiben.

Auf der andern Seite c. d. legt man ebenfalls einen Lager- und einen Fallprügel aber in entgegengesetzter Weise, so dass die Stellung, die diesseits bei b. angebracht wird, jenseits bei c. zu stehen kommt. Die beiden Fallprügel werden durch querüber gelegte Stangen verbunden und mit starken Rasenstücken gehörig beschwert, so dass ein Marder, der sich zwischen den beiden Prügeln fängt, nicht wieder entkommen kann und bald totgedrückt wird.

Fig. 10. **Die Stellung der Prügelfalle**

Zur Stellung der Prügelfalle, Fig. 10, befestigt man mittels einer starken Pferdehaarschnur an den beiden Pfählen bei b. und an den beiden Pfählen bei c. zwei Stellhölzer, siehe Fig. 10, von hartem Holz und fertigt sich außerdem eine Zunge, siehe Fig. 9 und 10 x., die man hinten bei a. und auf der andern Seite bei d. so anbindet, dass sie sich nicht nach vorn hin bewegen kann und hinten auch nicht eingeklemmt sein darf. Der lichte Raum in der aufgestellten Falle muss bei b. und bei c. 2 ½ bis 3 Zoll betragen.

Schon vor der Anlage des Dohnenstriches baut man diese

Falle und wirft ab und zu einen Vogel hinein, ohne sie jedoch fängisch zu stellen, damit sich der Marder hingewöhnt und damit die Falle bis zum November auch gehörig verwittert ist.

8. Die Mordfalle

Die Mordfalle ist viel einfacher, wie die Prügelfalle, und fängt dennoch ganz sicher. Man nimmt dazu sieben Stück 4 Zoll starke und 4 Fuß lange gerade Stangen, legt dieselben nebeneinander und verbindet sie mit einigen quer übergenagelten Leisten, so dass das Ganze fest aneinander sitzt. Zum Aufstellen

Fig. 11. **Die Mordfalle**

87

der Mordfalle, siehe Fig. 11, sucht man sich einen ebenen Platz mit festem Boden, schlägt hier mehrere Pfähle so ein, dass sie ½ Fuß hervorragen, und stemmt die zusammengeschlagene Decke dagegen.

Als Stellung benutzt man die der gewöhnlichen Studentenfalle, aber in umgekehrter Art, siehe Fig. 12, an deren Zunge der Fangbrocken oder Vogel festgebunden wird. Die Stellung wird unter der mittleren

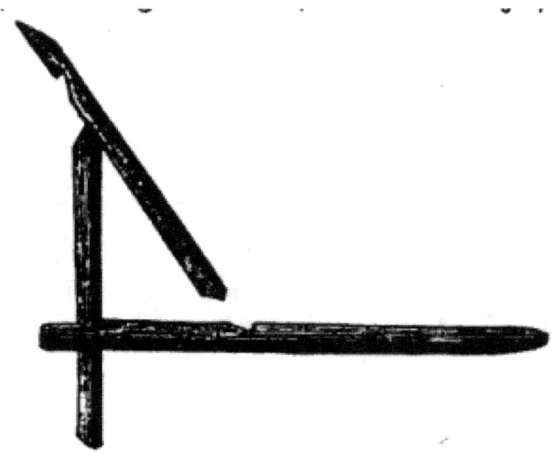

Fig. 12. **Die Stellung der Mordfalle**

[Seite 87] Die Mordfalle

Stange angebracht und kommt auf einen flachen Stein zu stehen, der ganz in den Boden versenkt wird. Die ganze Decke wird mit starkem Rasen beschwert und mit Moos überdeckt, so dass das Ganze wie ein Mooshügel aussieht; ebenso verfährt man auch mit der Prügelfalle.

9. Der Schlagbaum

Der Schlagbaum fängt am besten und am sichersten. Der Marder geht lieber in den Schlagbaum, weil er hoch auf dem Baum steht, als in die Prügel- und Mordfalle. Die Anfertigung des Schlagbaumes ist auch weniger schwierig, wie die der

Fig. 13. **Der Schlagbaum**

Prügelfalle, wenngleich der erstere mehr der Zerstörung unnützer Hände ausgesetzt ist als der Letztere. Man wählt zur Anlage des Schlagbaumes am liebsten alte Eichenbestände, in denen sich

[Seite 88] Der Schlagbaum

Kiefern-Stangenholz horstweise angeflogen vorfindet, weil hier der Marder gewöhnlich am meisten herumläuft.

In einem solchen Stangenhorst sucht man sich vier Bäume von 6 bis 8 Zoll Stammstärke, die im Rechteck 3 ½ Fuß und 5 bis 6 Fuß voneinander entfernt stehen, siehe Fig. 13. An zwei dieser Bäume a. und b. nagelt man auf 4 Fuß Höhe von der Erde eine 4 Zoll starke Stange c mit hölzernen Nägeln ganz fest an. Die obere Fläche dieser waagerecht angenagelten Stange muss glatt beschlagen sein, so dass sie nach oben eine breite und ganz gerade Fläche hat. Auf diese Stange legt man eine ebenso starke Stange, die auf der unteren Seite beschlagen sein muss, so dass beide Stangen mit ihrer breiten Fläche genau aufeinander passen. Die obere Stange wird mit dem einen Ende an den Baum a. mit einem starken hölzernen runden Kopfnagel so befestigt, dass sie sich um den Nagel drehen lässt und durch den Kopf des Nagels am Herunterrutschen behindert wird. Am andern Ende muss diese Stange ½ Fuß über der unteren hervorstehen, damit man dieses Stück als Griff beim Aufstellen derselben benutzen kann. An die Bäume e. und f. nagelt man zwei Zoll höher ebenfalls eine Stange und legt auf dieser zwei andere Stangen von e. nach a. und von f. nach b. Über diese beiden Stangen legt man andere kleine Stangen, so dass ein förmliches Dach entsteht, welches mit Rasen beschwert und schließlich mit Moos bedeckt wird.

Zum bequemeren Hinaufsteigen lehnt man für den Marder einen 6 bis 7 Zoll starken Baumstamm in schräger Richtung gegen die Mitte der unteren Stange c.

Als Stellung benutzt man die vorn Fig. 12 beschriebene, wobei aber die Zunge nicht zwischen den beiden Schlagbäumen

stehen darf, sondern vom Punkt g. ab in einen spitzen Winkel nach hinten gestellt sein muss, so dass der Marder, wenn er auf dem angelegten Stamm hinaufgestiegen, sich mit dem Vorderteil unter dem Schlagbaum befindet, ehe er die Zunge berühren kann. Der Fangbrocken hängt mitten unter dem Dach, so dass der Marder von der unteren Stange c. aus den Brocken nicht erreichen kann, sondern die Zunge zum Drauftreten benutzen muss, um heran zu kommen. Die Stellung muss von recht festem Holz gemacht werden und recht knapp stehen.

Wenn der Schlagbaum an zu schwache Bäume gebaut wird, stellt der Wind durch das Hin- und Herbewegen der Bäume die fängisch gestellte Falle häufig ab, weshalb man diese Fallen auch nach jedem starken Sturm sogleich revidieren muss. Man baut den Schlagbaum schon im Sommer, damit das darin verwendete Holz bis zum Winter gehörig verwettern kann. Während dieser ganzen Zeit sucht man den Marder schon beim Schlagbaum anzukirren, indem man unter der Falle auf der Erde und auch oben unter dem Dach Vögel anhängt.

10. Die einklappige Marderfalle

Fig. 14. Die einklappige Marderfalle
Die einklappige Marderfalle benutzt man meist nur zum Fangen von Steinmardern und Katzen an Tiergärten-Umzäunungen. Die Form derselben (siehe Fig. 14) ist allgemein bekannt, man macht sie gewöhnlich 3 ½ Fuß lang, 14 Zoll breit und 10 Zoll hoch. Die innere Seite wird mit einem starken Drahtgitter verschlossen, während an der andern

[Seite 90] Die einklappige Marderfalle

Seite ein Fallschieber angebracht wird. Die Stellung selbst ist [in] Fig. 14 ersichtlich. Das Trittbrett muss 10 bis 12 Zoll lang und 4 bis 5 Zoll breit sein und außerdem eine 3 bis 4 Zoll lange Zunge haben, die mit mehreren Stellkerben versehen wird. Die Zunge darf sich in dem Ausschnitt des Seitenbretts nicht klemmen, ebenso wenig das Trittbrett im Innern der Falle. Der Ausschnitt für die Zunge in der Seitenwand muss mit Blech beschlagen sein. Der Fallschieber muss schwer genug sein, um schnell herunterzufallen, er darf sich aber auch nirgends klemmen. Die ganze Falle muss aus hartem und starkem Holz gefertigt werden.

11. Die zweiklappige Marderfalle

In der zweiklappigen Marderfalle fängt man außer dem Marder noch den Iltis und das Wiesel. Ihre Form und Stellung gleicht der allgemein bekannten Rattenfalle. Man macht sie 3 Fuß lang, 10 Zoll hoch und 12 Zoll breit. Um das Hochheben der Klappen durch den gefangenen Marder usw.

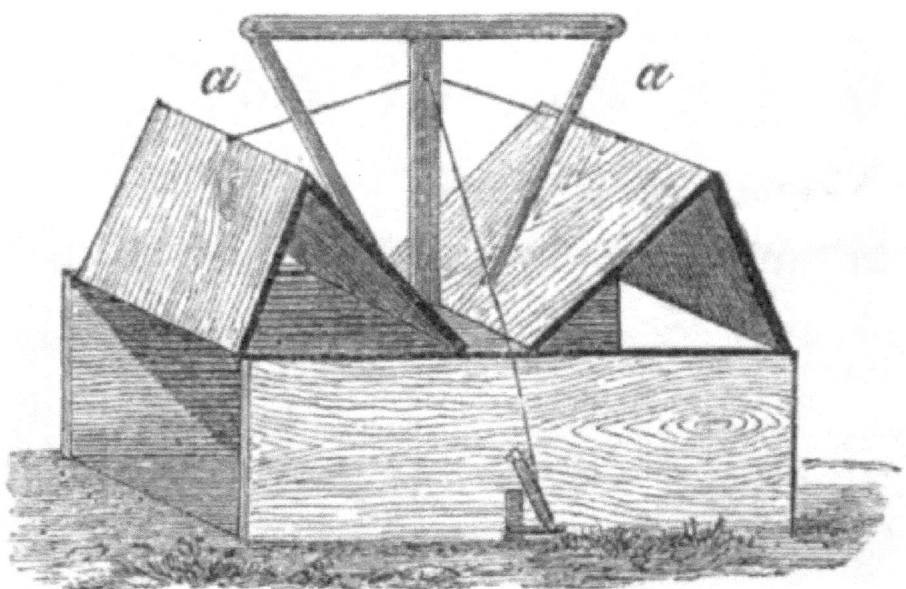

Fig. 15. **Die zweiklappige Marderfalle**

zu verhindern, bringt man zwei bewegliche Schwengel, siehe Fig. 15 a. a., an, die beim Herunterfallen der Klappen senkrecht

[Seite 91] Die zweiklappige Marderfalle

zu hängen kommen und sich dann gegen den Deckel der Klappe stemmen, falls dieselbe aufgehoben werden sollte.

12. Die Fuchsgrube

Der Fang des Fuchses in der Fuchsgrube ist eine neue und sehr zu empfehlende Methode. Man legt die Fuchsgrube am besten auf dem Feld oder auch auf Schonungen an, wo der Boden recht fest ist und womöglich aus Lehm besteht. Im Sandboden würden die senkrecht zu stechenden Wände der Grube nicht gutstehen, und es würde auch im Sandboden dem gefangenen Fuchs möglich sein, sich in einer Nacht herauszuarbeiten. Im festen Boden also macht man die Grube 12 Fuß tief und ganz kreisförmig. Der Durchmesser der Grube muss 7 Fuß messen und die Wände müssen lotrecht und ganz glatt gestochen werden, damit der Fuchs nicht daran hochklettern kann. Der Auswurf der Grube wird rund um dieselbe und ganz eben plant; Steine und dergleichen werden weggeschafft. Den oberen Rand der Grube bedeckt man mit einem Bretterkranz, der 6 Zoll breit übersteht, d.h., die Öffnung der Grube rund herum 6 Zoll breit verdecken muss, um das Entkommen des Fuchses unmöglich zu machen, weil es sich schon ereignet hat, dass der Fuchs spiralförmig an der Wand der Grube in die Höhe gelaufen und dann entkommen ist. Aus der nach vorstehender Vorschrift überdeckten Grube ist das Herauskommen jedoch nicht möglich, weil der Fuchs beim Hochlaufen mit dem Kopf gegen den hervorragenden Bretterrand stoßen würde und dann immer in die Grube zurückfallen muss. Quer über die Mitte der kreisförmigen Grubenöffnung legt man eine 2 Zoll breite, starke Latte und befestigt diese an beiden Enden mittels starker hölzerner Nägel. Auf dieser Latte,

[Seite 92] Die Fuchsgrube

gerade über die Mitte der Grube nagelt man den sogenannten Teller auf. Der Teller wird aus einem 2 Zoll starken Brett ganz rund mit einem Durchmesser von 8 bis 10 Zoll gefertigt. Oben auf der Mitte des Tellers schlägt man eine Kramme[63] ein, an welcher später eine Lockente befestigt wird. In den 2 Zoll starken Rand des Tellers werden 2 bis 3 Zoll tiefe Löcher dicht nebeneinander eingebohrt. Diese Löcher müssen so groß sein, dass sich Rohrhalme hineinstecken lassen, und müssen in solcher Richtung eingebohrt werden, dass die in dieselben hineingesteckten Rohrhalme die Öffnung der Grube

---

[63] [KvR] Eine Kramme (auch Krampe(n), Klampe(n), Klampfe(n)) ist ein U-förmig gebogener Nagel mit zwei Spitzen.

strahlenförmig und waagrecht überdecken. Die Rohrhalme müssen so lang sein, dass sie, nachdem sie mit dem einen Ende in den Teller gesteckt worden sind, mit dem andern Ende bis nach dem Bretterkranz hinüberreichen und auf diesen noch 1 Zoll lang aufliegen. Über diese Rohrhalme breitet man nun grades oder auch krummes Stroh ganz dünn aus, so dass die Grube dadurch vollkommen maskiert ist. Der Teller in der Mitte braucht nicht bedeckt zu werden, weil auf diesem die Ente sitzt.

Zum Befestigen der lebenden Ente auf dem Teller nimmt man ein breites festes Band, oder auch eine Tuchecke, doppelt zusammen und teilt dieselbe durch zwei eingeschürzte Knoten in drei Teile, die sich, da das Band doppelt liegt, öffnen lassen. An dem einen Ende bindet man mit Bindfaden einen kleinen hölzernen Knebel an, siehe Fig. 16.

Fig. 16. **Der Zaum**

Zur Anfertigung dieses sogenannten Zaumes nimmt man sich am besten gleich eine Ente zur Hand, und richtet die Längen

[Seite 93] Die Fuchsgrube

der einzelnen Zaumteile nach der Größe der Ente ein. Durch den vorderen Teil des Zaumes, siehe Fig. 16 a., steckt man den Kopf und Hals der Ente, so dass der Knoten d. auf dem Rücken der Ente da zu sitzen kommt, wo die Flügel angewachsen sind. Den mittleren Teil des Zaumes, Fig. 16 b., legt man über den Rücken der Ente nach hinten und zieht beide Flügel von unten nach oben durch, so dass der Zaum unter den Flügeln zu liegen kommt, ohne dass der Ente die Bewegung mit den Flügeln dadurch erschwert wird. Der Knoten e. muss auf dem Rücken, hinter den Flügeln, in der Nähe der Schwanzwurzel zu liegen kommen, ohne dass aber der Schwanz noch durch den Teil b. hindurchkriechen kann. Durch den hinteren Teil des Zaumes c. zieht man den Schwanz und nimmt nun den Knebel f. unter dem Bauch der Ente bis zur Brust, steckt hier den Knebel durch den vorderen Teil des Zaumes a. und zieht dann den Knebel durch die auf dem Teller befindliche Kramme. Um zu dieser Kramme zu gelangen, bedient man sich eines Brettes, welches von dem Rand der Grube nach der über die Mitte der Öffnung genagelten Leiste gelegt wird. Dieses Brett darf jedoch nicht in der Nähe der Grube liegen bleiben, sondern muss immer einige hundert Schritte entfernt davon aufbewahrt werden. Um die Grube herum wirft man Pferdedung, damit das Ganze wie ein Düngerhaufen aussieht.

13. Dohnen

a) Laufdohnen

Zur Anfertigung einer Laufdohne, siehe Fig. 17, nimmt man eine biegsame, 1/3 bis ½ Zoll starke Rute und steckt sie mit beiden Enden so tief und fest in die Erde, dass sie nicht leicht herausgerissen werden kann und dass die nebenstehende Figur entsteht.

[Seite 94] Dohnen: a) Laufdohnen

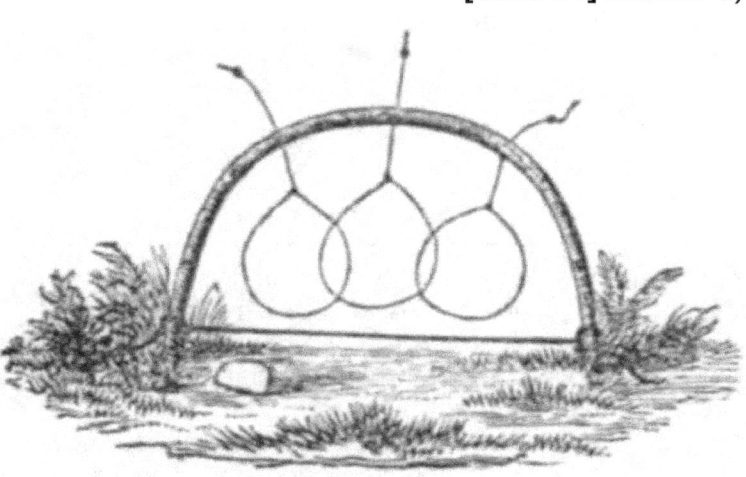

Fig. 17. **Die Laufdohne**
Zum Schnepfenfang muss der Bogen der Dohne 10 Zoll hoch und 8 Zoll breit sein; zum Fang von Krammetsvögeln[64]

macht man die Dohne 7 Zoll hoch und 7 Zoll weit. Einen Zoll hoch werden die beiden unteren Enden der Steckdohnen mit einem Bindfaden verbunden, damit die Schnepfe, welche meist mit nach unten gesenktem Schnabel auf dem Steig lang läuft, durch dieses Hindernis gezwungen wird, den Kopf gerade vor den Schlingen hochzuheben und durch diese hindurch zu stecken. In diese Laufdohnen hängt man 3 oder auch 2 Schleifen und zwar für Schnepfen achtdrähtige, für Krammetsvögel dreidrähtige. Bei ersteren muss die Schlinge 3 Zoll im Durchmesser haben und 3 Zoll vom Boden entfernt hängen. Bei letzteren muss die Schlinge 2 ½ Zoll breit sein und 1 ½ Zoll vom Boden entfernt hängen. Zum Einziehen der Schleifen in die Dohnen sticht man ein spitzes aber starkes Messer von oben ganz genau senkrecht in den Bügel, vergrößert den dadurch entstehenden Spalt durch ein geringes Umdrehen des Messers so weit, dass sich die Schleife durchziehen lässt und steckt dann neben dem Messer die Schleife von oben durch, so dass dieselbe mittels des am oberen Ende befindlichen starken Knotens in dem Spalt der Dohne festgehalten wird. Wenn die Schleifen etwas zu lang sind, so lässt man den zu langen Teil über der Dohne hervorstehen, und zieht nur so viel von der Schleife durch den Spalt nach unten hindurch, wie zur Formung der Schlinge erforderlich ist.

Fig. 18 zeigt eine andere Form von Laufdohnen, bei denen man nur zwei Schleifen einzieht, die aber ebenso weit entfernt

---

[64] [KvR] Unter Krammetsvögel versteht man verschiedene Drosselvögel, wobei die Wacholderdrossel (Turdus pilaris, auch Ziemer, Schnarre genannt) im engeren Sinne gemeint ist. Krammetsvögel wurden bis zum Beginn des 20. Jahrhunderts auf sogenannten Vogelheiden im Herbst bei ihrem Durchflug gefangen. Häufig wurden zu diesem Zweck extra Wacholderheiden angelegt (z.B. in der Eifel bei Blankenheim oder am Niederrhein). Der Fang wurde mit Dohnen (Schlingen) oder mit Netzen vorgenommen. Der Fang der Wacholderdrossel ist seit 1908 verboten (Vogelschutzgesetz vom 30. Mai 1908).

Fig. 18. **Eine andere Form der Laufdohne**

vom Boden hängen müssen, wie vorstehend angegeben. Die Höhe dieser Dohnen beträgt 12 Zoll und die untere Weite 8 Zoll.

b) Hängedohnen

1. Im Nadelholz

Fig. 19. **Die Hängedohne im Nadelholz**

Zum Befestigen der Hängedohnen im Nadelholz eignet sich am besten die Form der Fig. 19. Man stutzt dazu zwei Quirlzweige ein, biegt sie etwas zusammen, und schiebt dann die Dohne hinauf. In stärkeren Stangenörtern lässt sich die Hängedohne nicht gut anbringen, weil dort die Zweige dazu meist fehlen. Zur Anfertigung dieser Dohne nimmt man eine 3 Fuß lange und 1/3 bis ¼ Zoll starke

97

Rute von recht zähem Holz, dreht dieselbe 7 Zoll vom dicken Ende entfernt wie eine Wiede[65], gibt der Rute dort eine rechtwinklige Biegung, verwendet 14 bis 15 Zoll von der Rute zu einem 6 Zoll hohen Bogen, windet hier die Rute wieder wie eine Wiede, legt diesen Teil über den oberen graden Teil herum und wickelt das überbleibende Ende um den Bogen bis an den oberen graden Teil. In den oberen graden Teil

werden gewöhnlich drei Schleifen befestigt, deren Schlingen 2 ½ Zoll Durchmesser haben und 1 ½ Zoll weit entfernt von dem Bogen hängen müssen. Die Eberesche [Vogelbeeren] befestigt man in dem unteren durchflochtenen Teil der Dohne.

2. Im Laubholz

Fig. 20. **Die Hängedohne im Laubholz**

In Laubholzbeständen lassen sich die dreieckigen Hängedohnen am besten befestigen, indem man dieselben an biegsame Zweige förmlich anbindet. Zur Anfertigung derselben, siehe Fig. 20, nimmt man am liebsten gabelförmig gewachsene Ruten, oder man schneidet sich zähe Ruten, die 32 Zoll lang und unten 1/3 Zoll stark sind. Diese Ruten dreht man zuerst 6 Zoll vom dicken Ende, dann

10 Zoll und nochmals auf 10 Zoll Länge wiedenartig und formt dann die Dohne zu der nebenstehenden Figur. Das Anbringen der Schleifen und der Vogelbeeren ist aus der nebenstehenden Figur ersichtlich.

---

[65] [KvR] Mit Wiede ist hier ein verdrehter Zweig gemeint, aus dem Bänder geflochten werden.

(c Steckdohnen

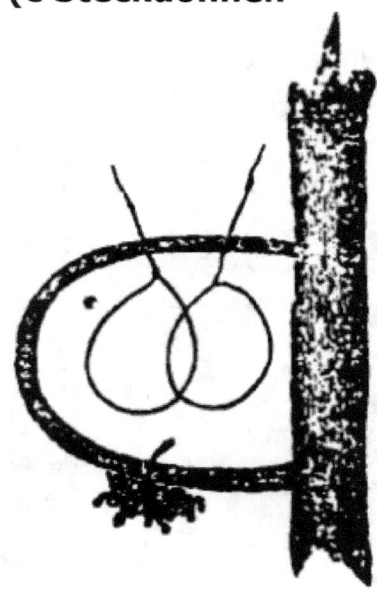

Die Steckdohnen werden mittels eines Dohnenbohrers eingebohrt und nicht, wie es früher geschah, eingestemmt, wobei oft der ganze Baum auseinander gespalten wurde. Die Bügeldohnen, Fig. 21, verdienen vor allen übrigen Dohnen den Vorzug, weil sich das Material dazu aus den Kieferndickungen am leichtesten beschaffen lässt und weil man später, wenn sie einmal angefertigt sind, am

Fig. 21. **Die Bügeldohne**

[Seite 97] Dohnen: c) Steckdohnen

wenigsten Arbeit mit ihnen hat. Man schneidet sich in Kiefernschonungen unterdrückte Stämmchen von 15 ½ Zoll Länge und 1/3 Zoll Stammstärke, spitzt beide Enden ein wenig an und bohrt sie so ein, dass das Stammende unten zu sitzen kommt und dass die Dohne am Stamm 6 Zoll lichten Raum hat. Schlingen und Vogelbeeren befestigt man, wie in der beistehenden Figur vorgeschrieben. Außerdem lässt sich auch die unter Fig. 19 und 20 gewählte Form zur Steckdohne benutzen, wenn man das starke Ende der Rute 2 Zoll länger macht und dies zum Einbohren der Dohne benutzt.

d) Falldohnen

Die Falldohnen stellt man wie die Laufdohnen und fertigt dieselben auf folgende Weise: Auf der einen Seite des für den Fang gewählten kleinen Steiges wird ein Pfählchen bis auf 4 Zoll über der Erde eingeschlagen und auf der inneren Seite mit einem flachen Kerben versehen. Diesem

Pfählchen gegenüber wird auf der andern Seite des Steiges ein kleiner Stab mit einem Ende fest in die Erde gesteckt und bis auf einen kleinen Zwischenraum an den gegenüberstehenden Pfahl herangebogen, siehe Fig. 22.

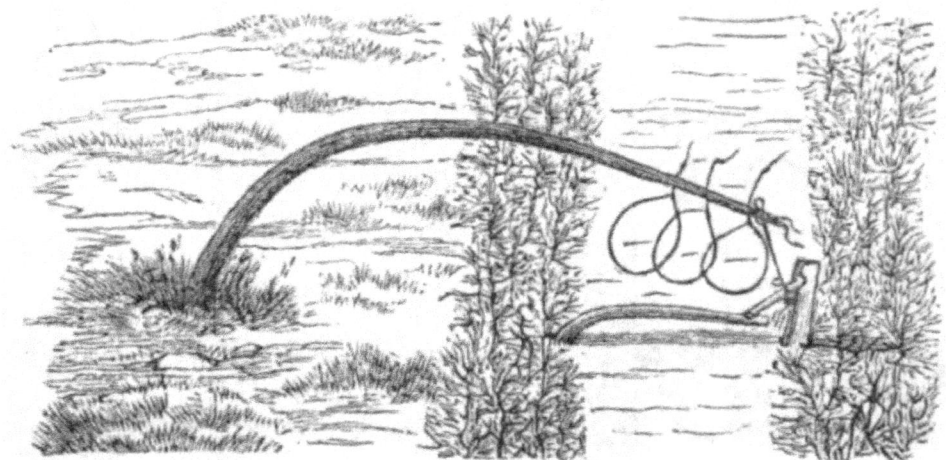

Fig. 22. **Die Falldohne**

Auf der oberen Seite nahe am Ende bekommt das Stäbchen einen Kerben und dient gewissermaßen als Zunge. Aus dem nebenste-

[Seite 98] Dohnen: d) Falldohnen

henden Gesträuch nimmt man ferner noch einen schwachen Baum oder Zweig, der sich, ohne dabei zu starke Schnellkraft zu haben, über den Steig biegen lässt. An diesem Zweig befestigt man die Schleifen und bindet am äußersten Ende desselben ein kleines Stellholz mittels eines Fadens an, siehe Fig. 22. Zum Aufstellen der Dohne biegt man diesen Zweig so weit herunter, dass das Stellholz in die beiden Kerben lose eingreift, und dass die Schlingen 2 bis 3 Zoll vom Boden entfernt zu hängen kommen.

Alles Übrige ist wie bei den vorn beschriebenen Laufdohnen. Kommt nun z.B. eine Schnepfe an diese Falldohnen, so hindert sie die Zunge am Vorwärtskommen, sie hebt den Kopf in die Höhe, fängt sich in den über der Zunge hängenden Schlingen und tritt beim Flattern auf die Zunge. Hierdurch wird das Stellholz aus den Kerben

100

herausgedrückt und der Zweig schnellt mit der Schnepfe hoch. Zu beiden Seiten der Falldohnen legt man, wie es vorn beschrieben ist, Reisig, damit die Schnepfe nicht seitwärts ausbiegen kann. An Orten, wo einem der Fuchs öfters die Schnepfen aus den Dohnen nimmt, sind die Falldohnen von besonderem Nutzen, weil in solchen Dohnen dem Fuchs die Schnepfen zu hoch hängen.

14. Federlappen

Zur Anfertigung der Federlappen nimmt man Bindfaden und bindet alle 1 bis 2 Fuß eine oder zwei große weiße Gäns-

Fig. 23. **Die Federlappen**

sefedern ein, siehe Fig. 23. Man macht die einzelnen Enden 150 Schritte lang und wickelt sie der Bequemlichkeit halber auf [eine]

[Seite 99] Die Federlappen

kleine Haspel, siehe Fig. 23 h. Zum Aufhängen der Federlappen benutzt man kleine, 2 bis 3 Fuß lange fingerdicke Stäbe, an die man die Federlappen befestigt. Zum Aufstellen von 150 Schritt Lappen gebraucht man 10 kleine Stäbe, so dass alle 15 Schritt ein Stäbchen zu stehen kommt, an welchem man die Leine mittels einer blinden Schleife befestigt. Beim Fuchs und beim Hasen befestigt man die Leine 1 ½ Fuß hoch von der Erde; bei Rehen und beim Damwild 3 Fuß und beim Rotwild 4 Fuß. Um das plötzliche Erschrecken und Entfliehen des Wildes vor den Lappen zu verhüten, stellt man die Lappen so auf, dass sie vom Wild schon von fern gesehen werden können, also nie unmittelbar am Rand einer Dickung.

Zweiter Abschnitt

Von den Wittrungen

Gute Wittrungen dienen nicht allein dazu, dem Wild den Fangplatz unverdächtig zu machen, sondern sie müssen auch vom Wild schon aus weiter Entfernung gewittert werden können, und auf die Sinne des Wildes förmlich betäubend und bezaubernd einwirken, so dass es z.B. dem Fuchs fast unmöglich ist, den gut witternden Brocken auf dem Kirr- und Fangplatz liegen zu lassen.

1. Fuchswittrungen

a) ½ Pfund[66] ungewässerte Schweineliesen[67] in Würfeln geschnitten,
1 Lot[68] zerhackte Zwiebeln,
¼ Lot frische Schale vom Mäuseholz[69] werden in einen

neuen irdenen Tiegel getan, mit einem Deckel gut verschlossen und an gelindem Kohlenfeuer, von trocknem Birkenholz, ohne Black[70], solange gebraten, bis die Griven[71] gelb geworden sind.

Dann nimmt man den Tiegel vom Feuer, tut 1 Lot pulverisierte Violenwurzel[72], einen Esslöffel Honig und

---

[66] [KvR] Mit Wirkung zum 1. Juli 1858 hatte 1 Pfund = 30 Lot = 500g und nicht wie zuvor 1 Pfund = 32 Lot = 467,711g.
[67] [KvR] Rückenfett ohne Schwarte
[68] [KvR] Ab 27. Mai 1856 betrug in Preußen aufgrund des Gesetz „eines allgemeinen Landes-Gewichts" 1 Lot 16,666 g.
[69] [KvR] Bittersüßer Nachtschatten (Solanum dulcamara)
[70] [KvR] Rauch
[71] [KvR] Auch als Grieben bekannt und bezeichnet ein Nebenprodukt der Talg- und Fettgewinnung.
[72] [KvR] Die Violenwurzel, oder Veilchenwurzel ist eigentlich die Wurzel der kleinen blauen Viole. Diese ist aber offensichtlich nicht gemeint sondern die in den damaligen Apotheken unter Violenwurzel bekannte Wurzel war von der Schwertlilie oder Schwertel, die besonders um Florenz herum wuchs und gleichfalls

ein erbsengroßes Stück Kampfer hinein, rührt die ganze Masse um, wirft mehrere Hände voll zu Würfeln geschnittenes schwarzes Brot[73] und sechs bis acht Fangbrocken[74] hinein und bindet den Tiegel endlich recht fest zu. Die Fangbrocken müssen von recht harter Brotrinde 1 ½ bis 2 Zoll lang und 1 Zoll stark sein.

b) Fünf Hammelpfoten werden jede in drei bis vier Stücke gehauen und in einen ganz neuen, vorher gehörig ausgebrühten Topf von 1 ½ Maß, mäßig am Feuer ohne Qualm mit Birkenholz gekocht, ohne dass es überkocht. Der Topf ist dabei fest zu gedeckt. Nachdem die Hammelpfoten eine halbe Stunde gekocht haben, nimmt man den Topf vom Feuer und legt hinein: für 6 Pfennige gestoßenes foenum graecum[75], für 6 Pfennige gestoßene Veilchenwurzel, einen Löffel voll Honig, eine Handvoll geschnittenes Mauseholz und ein Stückchen Kampfer, rührt dann alles gehörig um und lässt den festzugebundenen Topf langsam erkalten. In diese Wittrung wirft man nun noch einige kleingehauene Hammelpfoten-Stücke und benutzt diese zu Kirr- und zu Fangbrocken.

c) 4 Lot ungesalzene Butter,
4 Lot weißes Jungfernwachs[76],
4 Lot gestoßene Myrten und eine klein geschnittene Zwiebel werden in einem Tiegel gebraten, bis die Zwiebel braun wird, dann nimmt man den Tiegel vom

---

Violenwurz oder Violwurz genannt wurde. Die Wurzel ist weiß oder weißgelblich, von außen braun getüpfelt und riecht wie blaue Violen.

[73] [KvR] Schwarzbrot ist je nach Region eine Bezeichnung für dunkles Vollkornbrot aus Roggenschrot oder ein Mischbrot aus Roggen- und Weizenmehl.

[74] [KvR] Als Fangbrocken wurden meistens gebratene Katze, frische Vögel oder gebratener Hering verwendet. Hier jedoch dient als Fangbrocken harte Brotrinde.

[75] [KvR] Samen des Bockshornklees

[76] [KvR] Weißes von den Bienen neu erzeugtes Wachs ohne Schlupfreste oder Polleneinlagerungen.

Feuer, tut noch ein Stückchen Kampfer und etwas Moschus hinzu und siebt es

durch ein reines leinenes Läppchen. Nachdem nun diese Masse erkaltet ist, bewahrt man sie in einer Schweinsblase auf, die gehörig zugebunden wird.

d) 8 Lot frisches, unausgebratenes Gänsefett, womöglich von der Pflume, oder im Notfall ganz frische, sehr rein gewaschene, ungesalzene Butter, ¼ Quäntchen foenum greacum, ½ Lot grüne, frische Schale vom Mauseholz, ¼ Quäntchen weiße Zwiebel, einen halben Esslöffel voll Saft aus frischen Pferde-Äpfeln, durch ein reines leinenes Läppchen ausgepresst, 4 Lot Fett von ausgekochten Schafsknochen, ½ Lot Krebsbutter, die auf folgende Weise jedes Mal frisch zu machen ist: Man siede zwei kleine Krebse in einem neuen reinen Topf recht scharf mit Wasser, dann tue man sie in einen sehr rein ausgewaschenen Mörser und stoße sie zu einem Brei. Diesen Brei tue man mit einem Stückchen frischer ungesalzener Butter von der Größe eines Hühnereies in einen neuen Tiegel und lasse es auf Kohlen, welche nicht rauchen, unter beständigem Rühren mit einem kleinen Hölzchen, solange braten, bis es schön rot wird. Endlich drücke man es durch ein reines, ungeseiftes Leinwandläppchen in einen neuen Topf, wo es bis zum Gebrauch aufbewahrt wird. Von dieser Krebsbutter nimmt man ½ Lot, tut es mit dem zu Würfeln geschnittenen Gänsefett in einen ganz reinen Tiegel und lässt es unter fortgesetztem Rühren mit einem Hölzchen über Kohlen allmählich zergehen. Dann schüttet man alle übrigen, oben bezeichneten Ingredienzien hinzu und lässt die ganze Masse unter beständigem Rühren zwei bis drei Minuten lang braten, aber ja nicht anbrennen [lassen]. Nachdem nun die Masse vom Feuer genommen worden und sich etwas abgekühlt hat, so siebt man sie durch ein reines leinenes Läppchen in einen Topf, der zugebunden an einem kühlen Ort aufbewahrt wird. Diese Wittrung ist besonders auf Feldern anwendbar.

e) ½ Pfund ungewässertes, ungesalzenes Gänsefett oder ungesalzene Butter lässt man in einem Tiegel zergehen, tut 3 Lot foenum graecum hinein, lässt es ein wenig braten, tut dann einen Fingerhut voll frische grüne Schale vom Mauseholz hinein, lässt es wieder etwas braten und schüttet dann ½ Lot gestoßene Violenwurzel hinein. Hierauf nimmt man den Tiegel von den Kohlen, wirft ¾ Lot Anis und ein Stückchen Kampfer hinein, rührt alles tüchtig um und siebt es durch ein reines Läppchen in eine Büchse, die man mit einer Blase überbindet und an einem kühlen Ort aufbewahrt. Diese Wittrung passt am besten in Laubholzrevieren und auf Wiesen.

f) 8 Lot Gänsefett oder ungesalzene, frische Butter, ½ Lot grüne Mauseholzschale, ¼ Lot gestoßene Violenwurzel, ein gehäufter Esslöffel voll Kiefern- oder Tannenknospen werden in das vorher flüssig gemachte Gänsefett hineingeschüttet und unter fortwährendem Rühren solange gebraten, bis es anfängt, braun zu werden, dann nimmt man den Tiegel vom Feuer und schüttet ein wenig Kampfer hinein und verfährt schließlich wie a., d., e. Diese Wittrung passt in Kiefern- und Nadelholzwäldern am besten.

g) von Train[77] hat folgende Wittrung angewendet: ¼ Pfund ungesalzene Butter oder Gänsefett, eine gute Hand voll grüne Schale vom Mauseholz, Violenwurzel und Siebenzeiten[78] gröblich gestoßen, und so viel als man dreimal zwischen den Fingern fasst, ein Stückchen Kampfer und etwas Wachs.

---

[77] [KvR] Joseph Karl von Train
[78] [KvR] Bockshornklee (Trigonella foenum-graecum)

h) ¼ Pfund ungesalzene Butter oder Gänsefett, eine gute Hand voll Mauseholzschalen, Siebenzeiten soviel als man

dreimal zwischen den Fingern fassen kann; ebenso viel klein geschnittenes Fenchelkraut, ein Stück Kampfer, wie eine Haselnuss groß, und ein Stückchen Wachs.

i) ¼ Pfund ungesalzene Butter oder Gänsefett, eine Hand voll Mauseholz, Violenwurzel so viel, als man dreimal zwischen den Fingern fasst, eine kleine Hand voll Kiefern- oder Tannenknospen, ein Stückchen Kampfer und ein Stückchen Wachs.

Die Zubereitung dieser Wittrungen geschieht auf folgende Weise: Man nimmt einen vorher gehörig ausgebrühten neuen Tiegel, lässt auf mäßigem Kohlenfeuer ohne Rauch die Butter oder das Gänsefett zergehen und wirft dann alle übrigen Ingredienzen mit Ausnahme des Kampfers und Wachses hinein. Unter tüchtigem Umrühren mit einem Hölzchen lässt man alles zusammen einige Minuten lang braten, bis es anfängt braun zu werden, nimmt dann den Tiegel vom Feuer, tut den klein gestoßenen Kampfer hinein, rührt nochmals alles tüchtig um und siebt das Ganze durch ein reines leinenes Läppchen. Zuletzt tut man dann das Wachs hinein und verwahrt die Wittrung in ein fest zugebundenes reines Töpfchen.

Die meisten Bestandteile zu den Wittrungen kauft man in den Apotheken. Die Kiefern - oder Tannenknospen sucht man sich in Schonungen erst dann, wenn man sie gebrauchen will, und nimmt am liebsten recht harzige. Das Mauseholz sucht man sich auch erst kurz vorher in Brüchen; man schneidet sich rechts starke Reben und schabt von diesen zuerst die graue Rinde ganz dünn ab und schält dann die zur Wittrung benutzbare grüne Rinde von den Reben ab.

Zu Kirrungsbrocken dienen entweder die in der Wittrung b. befindlichen Hammelpfoten-Stücke oder man macht die

Kirrungsbrocken von Brot, wie es in der Wittrung a. vorgeschrieben. Jedenfalls lässt man aber die Kirrungsbrocken eine gehörige Zeit lang in der Wittrung liegen, damit sie den Geruch und Geschmack der Wittrung durch und durch annehmen und bei Regen nicht leicht verwittern können. Die Fangbrocken macht man 1 ½ bis 2 Zoll lang und 1 Zoll stark und nimmt recht hartes Brot dazu, welches im Regen nicht so leicht aufweicht.

Außerdem kann man zum Ankirren des Fuchses alle diejenigen Nahrungsteile wählen, die er besonders liebt, und zwar: frisches Geräusch und Gescheide von geschossenem Wildbret und von Hasen, gebratene Heringe, Katzenbraten, Tauben, Hühner und andere kleine Vögel. Man benutzt diese Gegenstände aber gewöhnlich nur im Herbst, wo noch nicht gefangen werden soll, sondern wo man nur den Fuchs auf die Fangplätze hin gewöhnen will. Zum wirklichen Fuchsfang nimmt man Kirrungsbrocken, die längere Zeit in den vorstehenden Wittrungen gelegen haben.

2. Wittrungen für die Fischotter

a) 8 Lot frisches Schweinefett werden in einem neuen reinen Tiegel auf mäßigem Kohlenfeuer flüssig gemacht und dann eine Hand voll gestoßene Baldrianwurzel, 3 Gran[79] gestoßenen Kampfer und 4 Gran gestoßenes Biebergeil[80] hineingestreut. Alles dieses lässt man unter fleißigem Umrühren mit einem Hölzchen so lange braten, bis es gelblich wird, dann nimmt man den Tiegel vom Feuer und siebt die Wittrung durch einen reinen leinenen Lappen in einen Topf, der mit Schweinsblase überbunden und an einem kühlen Ort aufbewahrt wird.

---

[79] [KvR] 1 Gran = 0,062075g; Medizinalgewicht von 1786
[80] [KvR] Bibergeil, auch Castoreum, ist ein Sekret aus den Drüsensäcken (Castorbeutel, Geildrüsen, Geilsäcke) des Bibers. Der Biber nutzt das fetthaltige Sekret zur Fellpflege und zum Markieren seiner Reviergrenzen.

b) Man nimmt 8 Lot frische ungesalzene. Butter oder frisches Schweinefett und lässt es über Kohlenfeuer in einem neuen Tiegel zergehen. Hierauf schüttet man 4 Gran Biebergeil, 3 Gran weißen Kampfer und ½ Gran Moschus hinein, rührt alles tüchtig durcheinander und verfährt dann wie ad a. Zur Verwitterung des Eisens kann man auch frische wilde Krausemünze[81] nehmen, mit der das Eisen und die an demselben befindliche Kette tüchtig abgerieben wird.

3. Marderwittrung

Man schüttet in ein Fläschchen 3 Gran Moschus, 1 ½ Quäntchen[82] Bilsenöl[83] und 1 ½ Quäntchen Anisöl und schüttelt es gehörig durcheinander. Von dieser sehr stark riechenden Mischung gießt man sich zur Verwitterung des Eisens zwei bis drei Tropfen auf ein reines leinenes Läppchen und reibt das Eisen überall damit ab. In Ermangelung dieser Wittrung benutzt man das sogenannte Katzenkraut (Marum verum)[84] und reibt das Eisen damit ab. In Gebäuden und an Orten, wo Katzen herumlaufen, darf man das Katzenkraut nicht anwenden, weil man sonst mehr Katzen als Marder fangen würde.

4. Wittrung für wilde Katzen

8 Lot Gänsefett oder frische ungesalzene Butter werden in einem Tiegel über Kohlenfeuer ohne Rauch dünngemacht und dann ein Teelöffel voll Katzenkraut (Narum verum), Fenchelkraut und Mauseholzschale und ¼ Lot Violenwurzel hineingeschüttet und unter fortwährendem Umrühren mit einem Hölzchen so lange gebraten, bis die Masse anfängt, braun zu werden; dann nimmt man den Tiegel vom Feuer, schüttet

---

[81] [KvR] Grüne Minze (Mentha spicata)
[82] [KvR] 1 Quentchen = 1,6687 g, ab 1. Juli 1858
[83] [KvR] Das Bilsenöl wurde nach Dioskurdes aus dem Samen des Hyoscyamus albus hergestellt.
[84] [KvR] Es handelt sich hier um Teucrium marum L. auch Katzengamander, Katzenthymian genannt.

2 Skrupel[85] Kampfer hinein und siebt die Wittrung durch einen leinenen reinen Lappen in eine kleine Kruke[86], die gehörig zugebunden an einem kühlen Ort aufbewahrt wird. Außerdem lässt sich noch die bei den Fuchswittrungen ad a. beschriebene Wittrung anwenden, wenn man etwas pulverisierte Baldrianwurzel beimischt. Rehleber und Hasengescheide werden gern von der wilden Katze angenommen und lassen sich als Kirrbrocken gut anwenden.

5. Wittrungen zum Verwittern der Schuhsohlen

a) Zum bloßen Verwittern der Fußtritte bedient man sich am einfachsten und besten des Kiefern- und Tannenknospenöls, welches auf folgende Weise zubereitet wird: Man sucht sich in Kiefern- oder in Tannenschonungen recht harzige Knospen, steckt diese in eine gläserne Flasche und gießt gewöhnliches frisches Öl darauf. Im Sommer setzt man diese gut verschlossene Flasche in die Sonne, im Winter in die Nähe eines warmen Ofens und lässt den Inhalt mehrere Monate lang destillieren, wobei aber das öftere Umschütteln nicht vergessen werden darf. Zur Verwendung füllt man sich ein kleines Fläschchen mit diesem stark nach Harz riechenden Öl und reibt sich da, wo man seine Tritte verwittern will, z.B. bei der Annäherung an der Luderhütte, die Schuhsohlen damit ein.

b) Soll die Schuhsohlen-Verwittrung als Kirrungsmittel für Füchse dienen, und zum Anstand auf Füchse benutzt werden, so näht man sich Heringsköpfe, die vorher längere Zeit in Heringslake mit Juchtenabfällen vermischt, gelegen haben, in Leinwand ein und bindet

---

[85] [KvR] Der Wert des Skrupels war in unterschiedlichen Regionen und im Laufe der Zeit leicht unterschiedlich. Im Königreich Bayern war 1 Scrupel = 20 Gran = 1,25 Gramm.
[86] [KvR] Die Kruke ist ein Vorrats- bzw. Abgabegefäß des Apothekers, das hauptsächlich für halbfeste Zubereitungen wie Salben, Pasten und Cremes, aber auch für feste Stoffe verwendet wurde.

sich dieselben unter die Absätze; außerdem führt man noch ein Fläschchen mit Herings-

lake bei sich, um damit von Zeit zu Zeit die Schuhsohlen tüchtig einzureiben. Gegen Morgen oder gegen Abend geht man mit den so verwitterten Sohlen in diejenigen Revierteile, wo der Fuchs viel umherläuft, macht dort, besonders auf Schlägen und Blößen, mehrere Kreuzgänge und stellt sich endlich gut gedeckt und mit gutem Wind an. Kommt ein Fuchs auf die Spur, so folgt er blindlings mit der Nase auf der Erde bis in den Schussbereich des Jägers.

Um den Fuchs dabei noch eifriger im Verfolgen der Spur zu machen, wirft man ab und zu ein Stückchen Hering, das womöglich gebraten ist, auf die Spur. Bei dergleichen Promenaden geht man abwechselnd mit halbem Wind und mit Wind, zuletzt aber so, dass einem beim Gehen der Wind von hinten kommt. Jagdneidische und habgierige Grenznachbarn betreiben diese Jagdmethode auf dem Heimweg, wenn sie ihren Grenznachbar besucht haben und nach ihrem Revier zurückgehen, wo sie dann auf der Grenze die Füchse des benachbarten Reviers totschießen.

6. Schleppen

a) Die unter Nr. 5 ad b. beschriebene Schuhsohlen-Verwittrung kann auch als Schleppe angewendet werden, wenn man damit vom Fangplatz oder von der Luderhütte aus mehrere Kreuz- und Quergänge macht.

b) Sonst aber ist eine gebratene Katze am besten zur Schleppe zu verwenden. Man schießt hierzu eine Katze, streift dieselbe ab und bratet sie im Wald, an einem Wendeholz befestigt, über Feuer, bis die äußeren Teile anfangen braun und knusprig zu werden, dann bindet man sich die gebratene Katze an eine Leine und zieht sie hinter sich auf der Erde nach. Von Zeit zu Zeit schüttelt man ein wenig an dem Braten, damit einzelne kleine Brocken auf dem Geschleppe liegen bleiben. Man durchschleppt diejenigen Orte, wo der Fuchs am liebsten herumschleicht und wählt hierzu am besten die offenen Schläge, Blößen und Wege, auf denen man die Fuchswechsel besonders mit einzelnen kleinen Brocken verproviantiert. Auf dem Schnee nimmt der Fuchs die Schleppe weniger gern an, als auf dunklem Boden. Marder und wilde Katzen nehmen die Schleppe der gebratenen Katze ebenso gern an, als der Fuchs.

c) Man präpariert sich in Rinds- oder Schweineblasen Hasengescheide mit Heringslake und Juchtenabfällen, steckt sich zum Schleppen ein kleines sackförmiges Netz mit recht engen Maschen ein und begibt sich auf denjenigen Platz, wo das Geschleppe beginnen soll. Dort angekommen, schüttet man das Gescheide aus der Blase in das Netz, verwittert sich auch noch mit der Heringslake die Schuhsohlen und schleppt in der vorstehend angegebenen Weise. Man bedient sich der Schleppen beim Anstand, bei der Luderhütte, beim Fang mit dem Schwanenhals und dem Tellereisen und beim Fang mit den übrigen verschiedenen Fang-Apparaten.

111

Dritter Abschnitt

Von den Fangmethoden[87]

1. Der Fuchsfang

a) **Der Fang im Schwanenhals** verdient als die sicherste Methode vor allen übrigen den Vorzug, obgleich die Behandlung des Schwanenhalses und das Legen desselben viel Sorgfalt und Mühe erfordert. Bei keiner von unseren vielen Fangmethoden ist man so wenig von der Witterung abhängig, wie beim Schwanenhals; man beginnt damit im Spätherbst und kann den ganzen Winter hindurch fangen, und nur bei übermäßig großer Kälte muss der Fang eingestellt werden, weil dann das Eisen leicht Schaden nehmen kann, indem bei strenger Kälte das Eisen spröde friert und beim Zusammenschlagen leicht springt. Bei nebligem Wetter, Regen, Sturm und Schneetreiben fangen sich die Füchse am besten.

Als Vorbereitung zum Fuchsfang legt man schon im Monat September oder Anfang Oktober die Fangplätze an und berücksichtigt bei der Auswahl der Fangorte folgende Regeln: Will man den Fang nur mit einem Schwanenhals betreiben, so wählt man dazu zwei Orte, bei zwei Schwanenhälsen drei oder vier Orte, damit man abwechselnd, gleichzeitig auf einem Orte fangen und auf dem andern unterdessen kirren kann. Diese Orte müssen vor allen Dingen ganz frei sein und dürfen nicht mit Bäumen oder Sträuchern bewachsen sein, weil sich der Fuchs im Freien am liebsten fängt; man wählt deshalb auch am besten ein Stück

---

[87] * Zur besseren Verständigung der Fangmethoden ist es ratsam, sich vorher das bei den Fang-Apparaten, im Abschnitt I der II. Abteilung Gesagte zu vergegenwärtigen.

Feld, welches vom Wald ganz oder teilweise eingeschlossen wird, oder welches am Wald liegt; ebenso eignen sich auch ganz junge Schonungen und große Blößen dazu, obgleich sich hier der Fuchs schon weniger gut fängt, als auf Ackerfeld. Der Fangort muss ferner in demjenigen Revierteil gewählt werden, wo die Füchse am meisten umhertraben; er darf nicht zu entfernt von der Wohnung liegen, weil man an all den Tagen, wo das Eisen gelegt ist, schon vor Tagesanbruch dort gewesen sein muss, um den etwa gefangenen Fuchs nicht stehlen zu lassen. In Gegenden, wo es viel Raubvögel und Krähen etc. gibt, muss man sogar auch gegen Abend nach dem Fangplatz gehen, weil an solchen Orten der Fangbrocken des Morgens mit einem Span zugedeckt werden muss, um das Abziehen des Schwanenhalses durch Krähen etc. zu verhüten. Außerdem darf der Fangort nicht an gangbaren Wegen liegen, von denen aus der Fangplatz übersehen werden kann und es dürfen in der Gegend des Fangplatzes nicht leicht Menschen oder zahmes Vieh hinkommen können.

Hat man nun hiernach seine Auswahl getroffen, so legt man zuerst die Kirrplätze an; man macht auf jedem Fangorte wenigstens drei Kirrplätze, auf großen Blößen und an Feldkanten macht man fünf oder auch sieben Kirrplätze und auf dem Mitteleren dieser Kirrplätze richtet man den Fangplatz ein. Die Kirrplätze reinigt man von Gras und Moos und scharrt mit einem Busch die Erde eben, damit man auch ohne Schnee spüren kann, wer den abgeholten Kirrbrocken weggenommen hat. Der Fangplatz muss etwas erhöht und trocken liegen; er wird ebenfalls von Gras und Moos etc. gereinigt und dann auf folgende Weise eingerichtet. Man legt den schon zu Hause aufgestellten und mit dem Sicherheitsstift versehenen Schwanenhals so auf den Platz,

113

dass die Feder nach derjenigen Richtung zu liegen kommt, wo der Wind meist her weht, damit der Fuchs, der immer gegen Wind an den Fangbrocken herangeht, nicht von hinten über die Feder herankommt. Zum Einschneiden des Lagers für den Schwanenhals bedient man sich einer kleinen hölzernen Schippe, die unten 3 Zoll breit und 15 Zoll lang ist, incl. Stiel. Am Ende des Stieles befindet sich eine Spitze, mittels welcher man die Figur des Schwanenhalses auf der Erde abzeichnet, indem man damit an den Bügeln und der Feder herumfährt. Wenn dies geschehen, legt man den Schwanenhals seitwärts auf ein reines ausgebreitetes Tuch und fängt nun an, das Lager des Schwanenhalses in den Boden einzuschneiden. Man sticht da, wo die Bügel zu liegen kommen, die kleine Schippe senkrecht in den Boden und biegt die Erde auseinander. Das Lager für die Feder und für die Pfeife gräbt man ganz aus. Nachdem dies geschehen [ist], passt man den Schwanenhals hinein und gräbt und drückt und klopft solange, bis das Lager so geräumig und tief ist, dass das Eisen an den Seiten nirgends anliegt und weder mit der Feder noch mit den Bügeln über den Boden hervorragt, sondern lieber ¼ bis ½ Zoll tiefer liegt, damit durch die Bedeckung des Eisens keine Erhöhung entsteht. Hierauf versenkt man vorn unter der Bügelschraube einen 2 Zoll langen und 1 ½ Zoll breiten, oben flachen Stein, ferner in der Mitte unter den Krapfen ebenfalls einen 4 Zoll langen und 2 Zoll breiten, und endlich hinten unter der Mitte der Feder einen 2 Zoll langen und 2 Zoll breiten Stein, so dass das Eisen an allen drei Punkten auf diesen Steinen fest aufliegt, damit der Schwanenhals beim Zusammenschlagen in die Höhe springt und den äußerst schnell zurückfahrenden Fuchs doch noch ergreift. Nachdem man

114

nun nochmals das Eisen genau eingepasst hat, nimmt man dasselbe aus dem Lager und füllt endlich das ganze Eisenlager mit trockner Ameisenspreu[88] aus. Die herausgegrabene Erde und alle sonstigen Überbleibsel werden in dem mitgenommenen Tuch sorgfältig weggeschafft.

Wenn nun der Fuchsfang noch nicht beginnen soll, so wirft man kleine Vögel und dergleichen auf den Fangplatz und auf die Kirrplätze, um den Fuchs vorläufig nur hinzugewöhnen und erst dann, wenn der Balg des Fuchses gut wird, kirrt man mit den vorn empfohlenen Wittrungsbrocken den Fuchs fest. Man schüttet sich hierzu aus dem großen Brockentopf mehrere Brocken in einen kleinen leicht transportablen Topf und wirft auf die Mitte eines jeden Kirrplatzes und auf den Fangplatz einen kleinen Brocken. Am nächsten Tage früh revidiert man die Plätze und ergänzt die etwa während der Nacht abgeholten Brocken. Man überzeugt sich dabei jedes Mal durch Abspüren, ob auch die Brocken von einem Fuchs und nicht etwa von Krähen und dergleichen abgeholt wurden. Zur Erleichterung und Beschleunigung des Ankirrens wendet man auch die vorn beschriebenen Schleppen an und schleppt vom Fangplatz aus nach verschiedenen Seiten die Fuchswechsel ab. Bei sieben und fünf Kirrplätzen wirft man, wenn der Fuchs mehrere Plätze nebeneinander abgeholt hat, auf den Flügelplätzen keine Brocken mehr aus, sondern begnügt sich damit, den Fuchs auf den beiden mittleren recht sicher zu machen, indem man ihn die Brocken mindestens erst zwei bis drei Nächte hintereinander abholen lässt, ehe man das Eisen legt. In der dritten Nacht setzt er gewöhnlich ein Häufchen Losung auf einen der Plätze, die man auch unangerührt stehen lassen, oder wenn sie auf dem Fangplatz beim Legen des Eisens hinderlich

---

[88] [KvR] Das von einem Ameisenhaufen entnommene Material.

115

ist, vor dem Legen beiseite bringen und nach dem Legen wieder auf ihren Platz stellen muss. Das Lösen des Fuchses auf dem Fangplatz ist ein Zeichen, dass der Fuchs ohne jedes Misstrauen die Brocken abgeholt hat und nun fest angekirrt ist, weshalb nun auch sogleich das Eisen gelegt werden muss.

Vor dem Legen des Schwanenhalses reibt man denselben nochmals gehörig mit trockenem Sand ab, reinigt das Eisen ganz sauber mit einem Lappen und überreibt es an allen Stellen mit einem anderen Lappen, auf welchen man einige Tropfen Wittrung gegossen oder gestrichen hat. Dann hängt man sich das aufgestellte und mit dem Sicherheitsstift versehene Eisen auf einen Stock und trägt es hinten auf dem Rücken nach dem Fangplatz; man versieht sich ferner mit einem steifen Pappdeckel zum Aufdecken auf die Feder, mit der kleinen Schippe, mit etwas Papier, mit einem Tuch voll trockner Ameisenspreu und mit mehreren Kirrungs- und einem Fangbrocken, an welchem man schon vorher eine gehörig starke Pferdehaarschnur fest angeschlauft hat. In dieser Weise ausgerüstet, begibt man sich am besten des Morgens früh und ungesehen auf den Fangplatz, nimmt dort in kniender Stellung hinter der Feder die nass gewordene Ameisenspreu aus dem Lager und legt das schon vorher gut eingepasste Eisen hinein. Nun legt man zuerst auf die Bügelschraube ein Stückchen Papier, damit sich beim Zusammenschlagen des Eisens keine Ameisenspreu an jener Stelle zwischen die Bügel einklemmen kann. Dann füttert man die Bügel mit trockener Ameisenspreu fest ein und bedeckt dieselben ganz dünn damit, ohne jedoch viel die Hände dabei zu gebrauchen, zieht dann die Schnur des Fangbrockens von vorn durch die Pfeife und bindet dieselbe am Stellhaken fest und so an, dass der Brocken dicht vor

116

dem Ende der Pfeife zu liegen kommt. Nun füttert man die Pfeife ein, richtet den Abzugsbrocken über der Ameisenspreu gehörig auf und geht dann zum hinteren Teil des Eisens über. Hier bedeckt man zuerst die Feder mit dem Pappdeckel, damit der Raum zwischen der Feder unter dem Pappdeckel leer bleibt, so dass die Feder beim Zusammenschlagen der Bügel in ihrer Kraft-Äußerung nicht aufgehalten werden kann, füttert den hinteren Teil mit Ameisenspreu ein, belegt die Krapfen mit einem Stückchen Papier, füttert nun auch diesen Teil mit Ameisenspreu gehörig ein und zieht, nachdem man noch das Ganze mit Ameisenspreu eingefütterte und dünn bedeckte Eisen mittels der kleinen Schippe ganz dünn mit loser Erde überstreut und den Fangbrocken nochmals ganz frei aufgerichtet hat, zuletzt den schon vorher losgebundenen (siehe das Aufstellen des Schwanenhalses) Sicherheitsstift heraus. Nachdem nun auch das durch den Stift offen gebliebene kleine Loch noch gehörig, aber ganz leise und vorsichtig, mit Ameisenspreu verdeckt ist, darf man dem Eisen nicht mehr zu nahe kommen und muss besonders den Kopf dabei in Acht nehmen. Alle Überbleibsel werden nun sorgfältig in das auf der Erde ausgebreitete Tuch gesammelt und mit fortgenommen. Man entfernt sich nach derselben Seite, von der man gekommen und tritt immer genau in dieselben Fußtapfen, um nicht etwa einen förmlichen Steig zum Eisen auszutreten. Beim Legen des Schwanenhalses kann Vorsicht, Sauberkeit und Sorgfalt gar nicht genug empfohlen werden. Der Vorsicht halber benutzt man beim Einfüttern des Eisens meist die kleine Schippe; man arbeitet dabei immer so, dass die Hand, der Arm und der Kopf nicht in den Bereich der Bügel kommen. Der Sorgfalt halber reibt man sich, ehe man das Eisen angreift, die Hände mit dem Wittrungslappen ab, ohne aber dadurch das Eisen zu stark zu verwittern, weil sonst der Fuchs das zu stark witternde Eisen bloß scharrt, ehe er den Brocken anfasst und dann sobald nicht wieder an ein Eisen heranzubringen ist. Es versteht sich von selbst, dass beim Legen des Eisens nicht geraucht werden, und dass auch in der Nähe des Eisens vom Jäger nichts Verdacht Erregendes zurückbleiben darf.

Zur Revision des Eisens begibt man sich des Morgens schon vor Tage[sanbruch] nach dem Fangplatz; man nähert sich dem Eisen immer von hinten und benutzt stets denselben Weg und dieselben Spuren. In der ersten Nacht geht der Fuchs selten schon an den Fangplatz heran, weil durch das Legen des Eisens doch zu viel Veränderungen vorgekommen sind, die er alle wahrnimmt und er begnügt sich deshalb in der ersten Nacht gewöhnlich mit den Brocken auf den Kirrplätzen, die man sogleich durch andere ersetzt; erst in der zweiten oder gewöhnlich in der dritten Nacht geht er auch an den Fangplatz und lässt sich von dem Schwanenhals festnehmen. Wenn man nicht ganz sorgfältig verfahren, verschmäht der Fuchs auch noch in der dritten Nacht den Fangbrocken, man erneuert dann die abgeholten Brocken auf den Kirrplätzen entweder gar nicht, oder nimmt auch auf einem der Kirrplätze ähnliche Veränderungen vor, wie auf dem Fangplatz, indem man dort die ursprünglich aus dem Fangplatz gelegene Ameisenspreu hinschüttet und die Kirrplätze ebenso mit Ameisenspreu bedeckt, wie den Fangplatz, oder man wirft oder vergräbt auf den Kirrplätzen altes rostiges Eisen usw. und [ver]sucht dadurch den Fuchs irrezuführen.

Eisen mit sehr guten Federn lässt man in solchen Fällen acht bis zehn Nächte liegen, während Eisen mit schwachen Federn schon nach fünf oder sechs Nächten aufgenommen werden müssen, um sie wieder ruhen zu lassen, weil durch das längere Liegen die Feder an Kraft verliert und zuletzt die Bügel nicht schnell genug hochschnellen. Wenn nun ein Fuchs gefangen ist, so wird der Fangplatz wieder eben und glatt gemacht und ein anderer Fuchs angekirrt. Das Eisen wird nach dem Fangen oder Herausnehmen sogleich tüchtig geputzt und an einem trockenen Ort aufgehängt.

b) **Der Fuchsfang im Tellereisen** wird von manchen Jägern für zweckmäßiger gehalten, als der im Schwanenhals, was aber wohl seinen Grund nur darin haben kann, dass diese Jäger mit dem Schwanenhals nicht richtig umzugehen verstehen, und deshalb auch nicht so gut damit fangen. Hiermit soll jedoch durchaus nicht gesagt werden, dass der Fang im Tellereisen unzweckmäßig sei; nein, im Gegenteil, man erreicht mit dem Tellereisen oft das, was man mit dem Schwanenhals nicht erreichen kann. Man fängt einen im Schwanenhals geprellten Fuchs oft im Tellereisen viel leichter, als im Schwanenhals, weshalb es auch ratsam ist, den Fang mit beiden Eisen gleichzeitig zu betreiben. Der geringe Preis des Tellereisens gegen den des Schwanenhalses und die große Einfachheit in der Behandlung etc. des Tellereisens sind Punkte, die jedenfalls Berücksichtigung verdienen.

Die beste Jahreszeit zum Fang im Tellereisen ist der Spätherbst mit seinen stürmischen, regnerischen Nächten. Eintretende Kälte macht dem Fang im Tellereisen ein Ende, weil dann die Bügel nicht schnell genug durch die gefrorene Erde hindurch zuschlagen vermögen. Man beginnt deshalb auch mit dem Fang im Tellereisen gewöhnlich etwas früher als mit dem Fang im Schwanenhals. Zum Fangort wählt man am liebsten frisch gepflügte Ackerstücke, die vom Wald eingeschlossen sind oder am Wald liegen, zu denen aber weder Menschen noch zahme Tiere

119

leicht hingelangen können. Zu Fangbrocken wählt man dieselben, wie vorn beim Schwanenhals, man braucht aber den Fuchs nicht schon vorher fest anzukirren, weil es beim Fang im Tellereisen gar nicht so sehr darauf ankommt, den Fuchs besonders sicher zu machen. Wohl aber ist es ratsam, den Fuchs durch Schleppen in die Nähe des Eisens zu locken, oder ihn schon vor Beginn des Fangs durch öfteres Hinwerfen von Vögeln, Hasengescheide etc. nach diesem Ort hinzugewöhnen. In keinem Fall darf das Tellereisen mittels einer Kette befestigt werden, weil sich dann der Fuchs, wenn er sich nur mit einem Lauf gefangen hat, fast regelmäßig herausschneidet, besonders wenn er nicht schon vor Tagesanbruch daraus erlöst wird. Es ist also vorteilhafter, das Eisen ohne Anker und Kette zu legen, damit der Fuchs, wenn er sich gefangen hat, mit dem Eisen in die nächste Dickung gehen kann, wo er sich dann bald fest macht und wohin er auch leicht zu spüren ist. Für den Fall, dass auf festem Boden der Fuchs mit dem nachgeschleiften Eisen nicht gespürt werden kann, holt man sich einen Hund, der dann den gefangenen Fuchs in der Dickung bald ausfindig machen wird. Außerdem ist beim Nichtbefestigen des Eisens auch weniger Gefahr vorhanden, dass einem der Fuchs samt dem Eisen gestohlen werde. Um aber das Herausschneiden des Fuchses für alle Fälle möglichst zu verhindern, legt man am besten zwei Eisen nebeneinander, damit sich der Fuchs in beiden Eisen fange und womöglich an einem Hinter- und an einem Vorderlauf ein Eisen hängen hat, was sich auch bei zwei Eisen oft ereignet. Zum Legen der Eisen werden dieselben ganz sowie der Schwanenhals gehörig mit Sand abgerieben.

Ein einzelnes Tellereisen legt man am besten in Furchen, da wo sich zwei Furchen kreuzen, weil der Fuchs gern in den

Furchen lang schleicht. Zwei Eisen legt man mitten auf dem Acker, womöglich auf frisch gepflügtem Land, mit den Federn nach der herrschenden Windrichtung, 2 ½ Fuß voneinander entfernt. Vor den beiden Eisen gegen Wind legt man drei Brocken, 2 Fuß von den Eisen und 2 Fuß unter sich entfernt. Der Fuchs, der nach seiner alten Gewohnheit immer gegen Wind an die Brocken herangeht, muss also erst die Eisen passieren und wird sich dabei bestimmt in einem derselben fangen, weil er nie spornstreichs gerade auf den Brocken zugeht, sondern kurz vor den gut witternden Brocken unter Wind erst hin- und herläuft, ehe er sich an die Brocken heranwagt. Hat er sich nun hierbei in einem Eisen gefangen, so tanzt er mit diesem Ballast so viel hin und her, dass er sich auch noch im Zweiten fangen muss.

Zum Legen des Tellereisens macht man sich eine kleine Vertiefung, passt das Eisen hinein und sorgt dafür, dass der Teller ganz hohl zu liegen kommt. Um das Eisen herum muss die Erde ganz festgemacht werden. Den Raum zwischen Teller und Bügel füttert man mit Eichenlaub aus und überstreut zuletzt das ganze Eisen dünn mit Erde. Die Erde um das Eisen herum wird mit einem Busch eben gefegt. Vor dem Legen des Eisens reibt man dasselbe an Ort und Stelle mit Erde ab, auf die man zuvor einige Tropfen von der Wittrung gegossen. Hat man erst einen Fuchs auf dem Platz gefangen, so fängt sich der Zweite schon viel leichter, besonders wenn der erste eine Füchsin war. Das Hinwerfen von Fuchslosung, die man sich im Revier zusammensucht, hilft den Fang auch noch begünstigen, weil der Fuchs an solchen Orten erst viel hin- und herläuft, ehe er die Brocken annimmt.

In warmen Quellen, die nie zufrieren, kann man den Fang

mit dem Tellereisen den ganzen Winter hindurch betreiben. Man legt hier das Eisen auf einer flachen Stelle dicht am Rand ins Wasser und überdeckt es ganz dünn mit Sand. Die Feder des Eisens kommt nach der Mitte des Wassers zu liegen. In derselben Richtung befestigt man auch den Fangbrocken an einem Stock, und zwar so, dass er auf dem Wasser schwimmt und vom Fuchs nicht anders erreicht werden kann, als wenn er auf den Teller des Eisens tritt. Bekannter Weise besucht der Fuchs im Winter warme Quellen und offene Waldbäche sehr fleißig und nimmt auch den im Wasser schwimmenden Brocken ziemlich dreist an.

c) Der Fang mit dem Angeleisen wird im Allgemeinen wenig betrieben, weil es schwer hält, den Fuchs so sicher zu machen, dass er nach dem Eisen hochspringt. Zum Ankirren des Fuchses macht man gegen Abend eine Schleppe mit einem frischen Hasengescheide, welches man zuletzt an demjenigen Baum, wo man nachher das Angeleisen befestigen will, etwa 2 Fuß hoch aufhängt. Hat der Fuchs dieses Hasengescheide angenommen, so wiederholt man am andern Abend die Schleppe und hängt dann entweder ein Stückchen Hasengescheide oder einen kleinen Vogel 3 Fuß hoch hin. Hat in der nächsten Nacht der Fuchs wieder abgeholt, so befestigt man das vorn beschriebene Angeleisen 4 Fuß hoch, überstreicht es mit frischem Hasenschweiß und überdeckt es ganz dünn mit Hasengescheide oder mit einem abgestreiften frischen Vogelbalg. Der Fuchs muss nun, wenn er den Vogel haben will, hochspringen, er schnappt zu und wird dabei die Widerhaken herausziehen, die sich in seinen Rachen eindrücken.

d) Der Fang in der Fuchsgrube ist eine neuere Methode, die man mit dem Namen „Vertilgungsmittel der Füchse" bezeichnen kann und, die auch wirklich die Füchse vertilgen würde,

122

wenn man sie allgemein anwendete. Man legt die vorn näher beschriebene Fuchsgrube am vorteilhaftesten in der Nähe von einzelnen Gehöften oder Mühlen an, die isoliert im Wald liegen, da hier der Fuchs am meisten herumläuft und sich auch an solchen Orten deshalb am besten fängt, weil ihm hier das Vorfinden einer Ente ganz natürlich vorkommt, besonders wenn ihm während seiner Praxis schon einmal das Glück zu Teil wurde, eine Ente in der Nähe eines Gehöftes zu kapern. Es gibt auch in der Tat keine bessere Gelegenheit für ihn, einen so guten Fang zu machen; er hört zuerst in großer Entfernung das Quaken einer Ente, er schleicht näher, er wittert einen Düngerhaufen und darauf eine Ente. Herr Reinecke findet dies in der Tat ganz natürlich und für ihn äußerst passend, er fängt an zu kreisen, ob die Luft sonst rein ist; er kann nichts Verdächtiges wahrnehmen, denn, was sollte ihm auch verdächtig vorkommen; er wittert nur Pferdedung und eine Ente; er kriecht also bis auf einige Schritte heran und macht seiner alten Kunst und Gewohnheit getreu einen mächtigen Satz und — gleitet von dem kleinen Teller, auf welchem die Ente sitzt ab, und fällt zwischen den Rohrstängeln in die Grube hinein. Lange Zeit zum Überlegen, ob er zuspringen soll oder nicht, bleibt ihm auch gar nicht, denn die Ente hat ja Flügel, die sie auch in diesem kritischen Augenblicke tüchtig gebraucht; er sieht sich also gezwungen, sofort den kühnen Sprung zu wagen. Die Ente kommt dabei gewöhnlich mit ihrem Leben davon, weil der Fuchs selten so genau springt, dass er die Ente gleich totbeißen kann.

Das Anzäumen und Befestigen der Ente geschieht des Abends in der vorn beschriebenen Weise. Am andern Morgen holt man die Ente wieder fort. In der nächsten Nacht kommt eine andere Ente an die Reihe, wo sich dann die erste Ente wieder ausruhen kann. Eine gute Schleppe mit einer gebratenen Katze tut hierbei sehr gute Dienste, besonders wenn man die Füchse aus der nächsten Umgebung schon alle weggefangen hat und nun noch die Füchse der Reviergrenze heranlocken will. In der Ranzzeit hat man mitunter das Vergnügen, des Morgens zwei Füchse in der Grube zu finden. Kommt man des Morgens hin, so sieht man an dem heruntergestürzten Stroh und Rohr schon von fern, dass sich ein Fuchs gefangen hat. Dieser ist nun von den vielen Versuchen, die er während der Nacht angestellt hat, um aus der Gefangenschaft wieder zu entkommen, so ermattet, dass er gewöhnlich ganz still in einer Ecke der Grube sitzt und ganz verschämt nach oben sieht, wenn man herankommt.

Um die Grube nicht zu verwittern, darf man den gefangenen Fuchs nie in der Grube totschießen, sondern man steigt mittels einer Leiter in die Grube hinab, und nimmt sich einen Stock und einen Sack mit. Nachdem man nun unten angekommen ist, lässt man durch einen Obenstehenden sogleich die Leiter hochziehen und sucht dem Fuchs, der natürlich große Sprünge macht, einige Schläge auf die Nase beizubringen, die ihn betäuben. Hierbei muss man sich hüten, den Fuchs so zu schlagen, dass er schweißt. Man steckt den betäubten Fuchs in den mitgenommenen Sack und entfernt sich mit ihm sogleich aus der Grube, um ihn dann sofort in gehöriger Entfernung von der Grube vollends totzuschlagen.

2. Der Fang des Dachses

Der Fang des Dachses im Tellereisen ist vorteilhafter als der Anstand. Man benutzt dazu Eisen mit starken doppelten

Federn, die zuerst an eine 2 Fuß lange Kette befestigt werden; an diese Kette bindet man einen festen Strick und befestigt diesen so an einem Baum, dass der Dachs, wenn er sich gefangen hat, mit dem Eisen noch ein Stückchen in den Bau hineinkriechen kann.

Zum Legen des Eisens wählt man am besten denjenigen Platz, auf welchem sich der Dachs gewöhnlich löst, oder man legt das Eisen nahe vor die Röhre, nie aber darf man das Eisen in die Röhre legen, weil sich dann der Dachs immer einen anderen Ausgang gräbt und nicht über das Eisen geht. Hat man mehrere Eisen, so legt man diese vor die gangbarsten Röhren, während alle übrigen Röhren verstopft werden.

Wittrungen wendet man beim Legen des Eisens nicht an, sondern man putzt das Eisen nur gehörig rein, und scharrt es an der betreffenden Stelle ein, so dass es ganz mit Erde überdeckt ist. Um unter den Teller einen hohlen Raum zu erhalten, füttert man das Eisen unten und an den Seiten mit Moos ein. Hierbei darf aber die Form der Ausfahrt nicht verändert und auch kein Lärm und Gepolter gemacht werden. In der ersten und zweiten Nacht wird sich der Dachs selten schon herauswagen, wohl aber wird er in einer der nächsten Nächte durch Hunger herausgetrieben werden und sich dann fangen.

3. Der Fang der Fischotter

Der Fang im Tellereisen ist bei den Fischottern die allersicherste Methode, um sich ihrer zu bemächtigen. Man legt das Eisen am Aussteigeplatz entweder im Wasser gerade an der Stelle, wo sie aus dem Wasser in die Höhe steigt, oder man legt es oben auf dem Aussteigeplatz im trocknen Sand, wo es aber sehr rein geputzt und mit der vorn vorgeschriebenen Wittrung gut verwittert sein muss. Zur Befestigung des Eisens benutzt man eine Kette, an die man einen Strick befestigt, welcher an einen Pfahl oder Baum so angebunden wird, damit der gefangene Fischotter mit dem Eisen ins Wasser gehen kann, wo er dann unter Wasser ersäuft. Die Kette sowohl wie der Strick müssen gut verwittert und gehörig mit Erde überdeckt sein, soweit sie nicht im Wasser verborgen liegen. Legt man das Eisen oben auf dem Aussteigeplatz im Sand, so wird dasselbe sorgfältig mit Moos und Weidenblättern und dergleichen eingefüttert und ganz dünn mit Sand überdeckt. Zweckmäßiger ist es jedoch, wenn man den Aussteigeplatz ganz genau abspurt und an dieser Stelle unten im Wasser das Eisen anbringt. Ist hier der Grund sandig und nur 2 bis 3 Zoll hoch mit Wasser bedeckt, so scharrt man das Eisen unter dem Wasser im Sand ein; ist aber das Wasser tiefer als 3 Zoll, so schlägt man sich vier Pfähle ein und legt auf diese das Eisen und zwar so, dass es 2 bis 3 Zoll hoch unter Wasser liegt. Eisen mit einer Feder legt man so, dass die Feder gegen das Ufer hin zu liegen kommt; bei Eisen mit zwei Federn legt man die Federn parallel mit dem Ufer. Zum Verdecken des Eisens befestigt man am Ufer einen Schilfstängel, der mehrere Blätter hat, die dann gerade über dem Eisen schwimmen und tüchtig mit Wittrung bestrichen sein müssen. Wenn das Eisen oben auf dem Aussteigeplatz gelegt wird, so wirft man mehrere kleine Kirrungsbrocken um das Eisen herum und befestigt auch einen Brocken auf dem Eisen. Man benutzt hierzu frische Fische, Frösche und kleine Vögel und dergleichen, die man etwas mit Wittrung bestreicht. — Der Fang der Fischotter kann das ganze Jahr hindurch betrieben werden, weil der Balg immer gut, wenn auch im Winter am besten ist.

4. Der Fang des Baummarders

a) Der Fang des Baummarders im Schlagbaum ist von allen Fangmethoden die bewährteste. Schon im September und Oktober, während des Krammetsvogel-Fangs sucht man den Marder in dem Schlagbaum, der gewöhnlich in der Nähe des Dohnenstriches angelegt ist, durch Einhängen und Hinwerfen von Krammetsvögeln oder anderem kleinen Vogelwerk anzukirren. Im Spätherbst, wenn der Balg des Marders brauchbar geworden, stellt man den Schlagbaum in der vorn angegebenen Weise fängisch. Die vorn näher beschriebene Stellung muss von recht hartem Holz gefertigt werden und recht knapp, dabei aber doch so fest stehen, dass der Wind durch die Bewegung der Bäume die Falle nicht abstellen kann. Der Fangbrocken wird mitten unter dem Dach befestigt, so dass er von den Seiten nicht erreicht werden kann. Die Zunge der Stellung muss so stehen, dass der Marder, nachdem er auf dem schräg liegenden Baumstamm hinausgelaufen und oben zwischen den beiden Schlagbäumen angekommen ist, mit den Vorderläufen auf die Zunge treten muss, um den Fangbrocken zu erreichen. Als Fangbrocken nimmt man am liebsten ein Stück von einer gebratenen Katze, außerdem kann man aber auch allerhand Vogelwerk, Eichhörnchen, Hasengescheide und dergleichen einhängen.

Die Schleppe mit einer gebratenen Katze leistet hierbei sehr gute Dienste. Man schleppt in der vorn angegebenen Weise gegen Abend diejenigen Revierorte ab, wo der Marder am meisten umherläuft. Will man hierbei den Marder aus entfernten Revierteilen heranlocken, so lässt man dort die gebratene Katze solange liegen, bis man spürt, dass Marder da gewesen sind und die Katze bereits angenommen haben. Dann bindet man sich die Katze an eine Schleppleine und schleppt auf dem kürzesten Wege auf die Marderfalle los, in welche man dann die ganze Katze einhängt, ohne damit noch weiter zu schleppen.

b) Der Fang des Marders in der Prügel- und Mordfalle wird im Wesentlichen ebenso betrieben, wie der Fang im Schlagbaum. Zum Fangbrocken wählt man einen frisch gefangenen oder geschossenen Vogel oder ein Stück von einem Eichhörnchen oder auch einen in Butter gebratenen Hering. Man schleppt dabei, wie vorstehend beschrieben, mit einer gebratenen Katze oder auch mit frischem Hasengescheide und dergleichen.

c) Der Fang des Baummarders im Tellereisen gelingt auch zuweilen. Man legt dazu das rein geputzte und mit der vorn verzeichneten Wittrung abgeriebene Tellereisen an einen solchen Ort, wo man den Marder oft gespürt hat. Zum Fangplatz wählt man am besten einen alten zerstörten Ameisenhaufen, in welchem das Tellereisen gut eingefüttert und mit Laub oder Nadelstreu vollständig bedeckt wird. Als Fangbrocken hängt man einen frischen Vogel, eine Keule von einem Eichhörnchen, ein Stückchen Hasengescheide oder auch einen gebratenen Hering an einen schräg eingesteckten Stock so auf, dass der Brocken gerade über das Eisen zu hängen kommt. Zum Befestigen des Brockens nimmt man eine Pferdehaarschnur, die ebenso wie der Fangbrocken mit der vorn bezeichneten Wittrung bestrichen wird. Die Schleppe lässt sich auch hierbei wieder mit Vorteil anwenden.

5. Der Fang des Steinmarders

Zum Fangen des Steinmarders, der sich meist in unbewohnten Gebäuden, Scheunen und auf Heuböden aufhält, ermittelt man zuerst ganz genau seinen Aufenthaltsort und seinen Absprung, was sich im Winter bei frischem Schnee ganz gut tun lässt. Hat man durch wiederholtes Spüren seinen Absprung, den er übrigens regelmäßig hält, wenn er von einem Gebäude zum andern geht, bestimmt ermittelt, so legt man dort ein rein geputztes Tellereisen ohne alle Wittrung und ohne Fangbrocken hin. Man füttert hier das Eisen, wie es vorn beschrieben ist, gehörig ein und bedeckt es ganz dünn mit Erde. Hat sich aber nicht ganz bestimmt ermitteln lassen, dass der Marder den Ort des Absprunges immer von oben benutzt, sondern dass er auch von der andern Seite kommen kann, so muss das Eisen verwittert werden und man legt dann außerdem 1 Fuß vor dem Eisen einen kleinen Dornbusch, über welchen der Marder hinüber und dann auf das Eisen springen muss.

Lässt sich der Absprung gar nicht ermitteln, so legt man das Eisen im Innern eines Gebäudes, wo man den Marder an seiner, nach Moschus riechenden Losung, gespürt hat, auf einem Balken. Man füttert hier das gehörig verwitterte Eisen (siehe vorn: Marderwittrung) in Heu oder Roggenspreu ein und befestigt auf dem Teller einen Fangbrocken, wozu man eine mit Wittrung bestrichene Pflaume, oder, wenn es noch nicht friert, ein Ei nimmt, welches letztere mittels einer durchgestochenen langen Nadel und einem Faden befestigt wird.

In den zweiklappigen Marderfallen gelingt der Fang auch recht gut, wenn man dieselbe im Innern von Gebäuden so auf den Weg des Marders stellen kann, dass er hindurchkriechen muss, wie z.B. auf Balken oder vor Löchern, durch welche er hindurchgeht, um von einem Gebäude zum andern zu gelangen. — Der Marder fängt sich dann ganz einfach dadurch, dass er beim

Durchlaufen durch die Falle auf das Trittbrett tritt und hierdurch die Falle abstellt. Außerdem kann man auch noch im Innern der Falle über dem Trittbrette ein Ei oder eine Pflaume als Fangbrocken befestigen.

Die einklappigen Marderfallen wendet man gewöhnlich nur in Umzäunungen von Fasanerien und Gehegen an, wo dieselben vor einer Öffnung, die der Marder als Durchgang benutzt, vorgestellt werden.

6. Der Fang der wilden Katze

Die wilde Katze fängt man unter Anwendung der für sie vorn beschriebenen Wittrung im Tellereisen ebenso, wie den Marder; außerdem geht sie auch in den Schlagbaum. Zur Schleppe nimmt man am liebsten Hasengescheide und als Fangbrocken frisch geschossene Vögel.

7. Der Fang der Iltisse

In kleinen Tellereisen lässt sich der Iltis am allerbesten fangen. Man ermittelt sich dazu seinen Aufenthaltsort, und legt das Tellereisen dicht davor; oder man legt das Eisen auf seinen Wechsel, den er gewöhnlich an Zäunen oder Gräben entlang nimmt. Mit einem kleinen Vogel, einem Ei oder einem Stückchen gebratenen und mit Zucker bestreuten Hering sucht man ihn erst anzukirren, und nachdem er dies abgeholt hat, legt man das Tellereisen recht rein geputzt und in Laub eingefüttert. Auf dem Teller befestigt man dieselben Brocken, mit denen man ihn angekirrt hat. Außerdem kann man auch den Iltis in den Klappfallen ebenso fangen, wie den Steinmarder.

130

8. Der Fang des Wiesels

Das Wiesel fängt man ebenso, wie den Iltis in kleinen Tellereisen, in Klappfallen und in Mordfallen. Als Fangbrocken benutzt man ein Stückchen Rathenhonig[89] oder eine mit Honig bestrichene Pflaume, die man auf den Teller festbindet.

9. Der Fang der Waldschnepfen

Den Fang der Waldschnepfen in Lauf- und Falldohnen betreibt man vom August ab, während des Herbstes und besonders zur Zeit des Dohnenstrichs[90]. Man stellt die Laufdohnen auf Viehsteigen, auf welchen die Waldschnepfe gern einfällt, um Würmer und dergleichen zu suchen, oder man macht sich an solchen Orten, wo die Waldschnepfe gern liegt, künstliche 2 Fuß breite Steige, die ganz rein geharkt werden, so dass der bloße Sand zu Tage liegt, und wirft womöglich noch frischen Kuhdünger auf die Steige, damit die Schnepfe hierdurch ganz besonders angelockt wird, dieselben zu verfolgen. Auf diesen Steigen stellt man die vorn näher beschriebenen Lauf- oder Falldohnen, in denen die Schleifen 3 Zoll hoch von der Erde entfernt hängen und 3 Zoll im Durchmesser haben müssen. Vor, hinter und unter die Schleifen streut man Preiselbeeren, Wacholderbeeren oder Vogelbeeren. Zu beiden Seiten der Dohne wirft man einige Zweige hin, damit die Schnepfe bestimmt durch die Schlingen hindurchkriechen muss und nicht die Dohne umgehen kann. Außer den vorn beschriebenen Laufdohnen kann man auch noch Bastdohnen anwenden; man schlägt dazu auf beiden Seiten des Steiges einen kleinen Stab von 1 bis 1 ½ Zoll Durchmesser so in die Erde, dass er 8 bis 9 Zoll über der Erde hervorragt. An dem oberen Ende dieser beiden

---

[89] [KvR] Wabenhonig aus dem mit Stroh geflochtenen Bienenkorb.
[90] [KvR] Oft wurden Dohnen in großer Zahl einen Waldpfad entlang an den Bäumen befestigt. Dies bezeichnete man als Dohnensteig, Dohnenstieg oder Dohnenstrich.

131

kleinen Stäbe befestigt man eine geflochtene Bastschnur oder auch eine starke Schnur von schwarzen Pferdehaaren, so dass diese Schnur 7 bis 8 Zoll hoch horizontal über den kleinen Steig gespannt ist. An diese Schnur befestigt man nun gewöhnlich drei Schleifen von sechsdrähtigen Pferdehaaren, die in der vorn beschriebenen Weise fängisch gestellt werden.

In Revieren, wo es viele Füchse gibt, wird man seine Zuflucht zu den Falldohnen nehmen müssen, weil der Fuchs die Laufdohnen gar fleißig kontrolliert und die gefangenen Schnepfen wegnimmt; in den Falldohnen hängen ihm jedoch dieselben zu hoch, und sind dann für ihn ebenso sauer, wie die Weintrauben, die er nicht erreichen kann.

10. Der Krammetsvogel-Fang.

Zur Anlage eines Dohnensteiges wählt man im Revier diejenigen Orte, wo erfahrungsmäßig im Herbst die meisten Zugvögel einfallen. Es sind dies gewöhnlich die östlichen Waldränder und solche Stangenbestände, welche etwas hoch liegen und aus gemischten Holzarten bestehen, besonders aber solche Orte, wo im Nadelholz Laubholz horstweise eingesprengt ist, oder wo in Stangenhölzern einzelne alte Überständer stehen. In dergleichen Beständen beginnt man mit der Anlage des Dohnensteiges schon im August oder spätestens Anfang September. Man benutzt dazu alte, ungangbar gewordene Fußsteige oder lichtere Stellen, auf denen der Krammetsvogel die lockenden Vogelbeeren weit genug sehen kann, und führt den Dohnenstrich gern an Bestandsgrenzen, wo z.B. Laubholz mit Nadelholz grenzt, und an den Feldkanten herum, weil hier gewöhnlich am meisten Vögel einfallen. Bei der Wahl der Richtung eines sehr langen und ausgedehnten Dohnensteiges hat man darauf zu sehen, dass man sich den Weg nicht zu sehr erschwert; man führt denselben dann am vorteilhaftesten in einem Kreis herum oder doch so, dass man von seiner Wohnung aus bis zum Ende des Dohnensteiges eben nicht weiter zu gehen hat, als bis zum Anfang desselben. Die Dohnen bringt man ungefähr alle sechs Schritte und abwechselnd mal auf der linken und mal auf der rechten Seite des Steiges an, so dass der Vogel ganz bequem von einer Dohne zur andern sehen kann. Die Höhe, in der man die Dohnen anbringt, richtet sich mehr nach der Größe des Dohnenstellers; man bohrt die Dohnen so hoch ein, wie es einem am besten zur Hand geht, doch macht man sie nicht gern unter 4 ½ Fuß vom Boden entfernt.

Vor Mitte September muss bis auf das Schlingenstellen und Einbeeren alles fertig sein, wozu auch das Abharken des Steiges gehört. Die Mühe des Abharkens belohnt sich auf doppelte Weise; einmal kann man in einem gut ausgeharkten Dohnensteig viel bequemer gehen und dann fallen auch die Vögel auf den ausgeharkten Steigen sehr gern ein, um hier Würmer und dergleichen zu suchen, besonders wenn auf einzelnen Stellen die ganze Erdbedeckung abgeharkt wird, so dass der bloße Sand zu Tage liegt. Mit dem Einbeeren und Schlingenstellen fängt man an, sobald die ersten Zugvögel da sind, wo dann aber auch nicht lange gesäumt werden darf, weil der ganze Fang meist nur vier Wochen lang dauert. Wenn man viele Heckvögel[91] im Revier hat und wenn nebenher freie Zeit und Ebereschen genug da sind, so beert man schon etwas früher ein, um einige Heckvögel zu fangen. Beim Einbeeren muss man darauf sehen, dass der Vogel die Beeren nicht vom Stamm aus

---

[91] [KvR] Vögel wie Neuntöter und Sperbergrasmücke usw., die in Hecken brüten.

erreichen kann, was besonders dann möglich ist, wenn gerade unter der Dohne am Stamm recht rissige Rinde sitzt. In solchem Falle haut man dergleichen rissige Rinde entweder ganz ab, oder man bohrt die Dohnen von vornherein gar nicht an solchen Bäumen ein, weil sich die kleineren Vögel, wie z.B. Meisen usw. und auch die Krammetsvögel lieber unterhalb der Beere am Stamm auf diese rissige Rinde setzen, als dass sie in die Dohne hineinfliegen. Die Schlingen müssen breit stehen und den mittleren lichten Raum der Dohne möglichst ausfüllen, damit der Krammetsvogel mit seinem Kopf durch eine derselben hindurch kriechen muss und nicht zwischen ihnen oder seitwärts vorbei kommen kann. Die einzelnen Schlingen müssen ganz für sich ohne jede Anlehnung breit und richtig stehen, damit sie auch bei Wind ihre Stellung nicht leicht verändern können, sondern nach jeder etwaigen Bewegung immer wieder in ihr altes Verhältnis zurückfallen müssen.

Alle Tage muss der Dohnensteig regelmäßig einmal, und zwar am besten gegen Mittag, kontrolliert werden. Ausgebeerte Dohnen werden dann wieder frisch eingebeert und die nicht breit und gut stehenden Schlingen werden wieder in Ordnung gebracht. Schlingen, in denen sich Vögel gefangen haben, stellt man nicht gleich wieder auf, sondern streicht sie herunter, damit sie über Nacht wieder eine gerade gute Form bekommen. Zur Ergänzung der etwa zerrissenen oder fehlenden Schlingen muss man immer einige zur Reserve mit sich führen.

Des Morgens oder gegen Abend darf man den Dohnensteig nicht belaufen, weil sich zu dieser Tageszeit gewöhnlich die meisten Vögel fangen, die man dann stören würde und weil auch das Einbeeren und die Regulierung der Schlingen des Mittags am zweckmäßigsten ist. Wenn viele Zugvögel da sind und wenn es dabei den ganzen Tag über neblig ist oder regnet, so ist es vorteilhaft, den Dohnensteig täglich zweimal zu kontrollieren, besonders wenn es nebenbei noch windig ist, so dass die Stellung der Schlingen durch den Wind vielfach in Unordnung gebracht wird.

Laufdohnen wendet man besonders auf alten, nicht mehr benutzten Viehtriften und in Beständen, wo es viele Wachholdersträucher gibt, an und verfährt dabei, wie bei dem vorstehend beschriebenen Schnepfenfang in Laufdohnen, nur dass die Schlingen nur 2 ½ Zoll breit sind und 1 ½ Zoll hoch von der Erde hängen dürfen.

Die Ebereschen pflückt man Ende August mit ihren Stielen ab, man sucht sich womöglich recht kleinbeerige aus, und bewahrt sie an einem kühlen luftigen Ort auf. Am besten konservieren sie sich in frischen weißen Sand. Man nimmt dazu eine Tonne, wirft eine dünne Lage Moos hinein und legt dann eine Schicht Ebereschen darauf; auf die Ebereschen kommt wieder Sand usw.

Auf solche Weise aufbewahrte Ebereschen sehen zu Weihnachten noch ebenso frisch aus, als wären sie eben vom Baum abgepflückt.

Dritte Abteilung
Jäger-Allerlei

Erster Abschnitt

Von den Wildfährten und Spuren

Die Abdrücke der untern Laufteile, die sich in weichem Boden und im Schnee am genauesten abformen, dienen dem Jäger als Erkennungszeichen der Wildart und zum Ansprechen des Alters und der Stärke derselben.

Bei allen zur Hohen Jagd gehörigen vierfüßigen Wildarten heißen diese Abdrücke Fährten. Bei allen zur Niederen Jagd gehörenden vierfüßigen Wildarten und bei allem Raubwild nennt man diese Abdrücke Spuren. Die Form des Abdrucks, die Größe desselben und die Stellung der einzelnen Fährten oder Spuren zu einander bieten beim Ansprechen derselben den meisten und sichersten Anhalt.

Der fährtenkundige Jäger versteht von einem guten Abdruck nicht allein die Wildgattung, das Alter und die Stärke des Wildes zu beurteilen, sondern er weiß auch beim Hochwild nach der inneren Formung der Fährte und nach anderen kleinen Kennzeichen das Männliche vom Mutterwild zu unterscheiden.

Die äußere Form der Fährte oder Spur bietet zur Unterscheidung der verschiedenen Wildgattungen voneinander den sichersten Anhalt, während die Größe des Abdruckes wieder die Stärke

137

und das Alter des Wildes kennzeichnet. Die Unterscheidungs-Zeichen des männlichen Wildes vom Mutterwild liegen meist in der äußeren und inneren Form des Abdruckes und in dem Verhältnis; der Stellung der einzelnen Fährten zueinander.

1. Die Rotwildfährte

Die Rotwildfährte zeichnet sich durch ihre Stärke und durch ihre regelmäßige fast herzförmig abgerundete Figur vor allen übrigen Wildfährten aus, siehe Fig. 1.

Von der Breite und Länge der Rotwildfährten kann man mit ziemlicher Bestimmtheit auf das Alter und die Stärke des Wildes schließen. Die Fährte eines Rotwildkalbes im Sommer über die Ballen gemessen ist circa 1 1/6 Zoll breit und 1 ½ Zoll lang (Rheinländisches Maß[92]). Die Fährte des Spießers ist circa 1 5/8 Zoll breit und 2 Zoll lang. Die Fährte eines Alttieres hat gewöhnlich die Stärke eines Gablers oder eines starken Spießers und ist circa 1 ¾ Zoll breit und 2 ½ Zoll lang. Der Hirsch von sechs Enden spürt sich schon beinahe 2 Zoll breit und 2 ¾ Zoll lang. Der jagdbare Hirsch von zehn Enden spürt sich über 2 Zoll breit und über 3 Zoll lang.

Zur Unterscheidung der Hirschfährten von den Alttierfährten dienen beim Ansprechen derselben folgende Hauptzeichen:

1) Die Stärke oder Größe der Fährte, was aus dem Vorstehenden schon hervorgeht, wonach die Fährte eines Hirsches von sechs Enden schon um circa ¼ Zoll breiter und länger ist, als die eines Alttieres.
2) Die Ballen sind schon beim Spießhirsch größer als beim Alttier und werden überhaupt vom Hirsch tiefer in

---

[92] [KvR] Rheinisches Maß: 1 Linie = 2,180 mm, 1 Zoll = 2,6154 cm, 1 Fuß = 139,13 Pariser Linien = 31,3853497 cm, 1 Ruthe = 3,766242 Meter, 1 alte Meile = 2000 Ruthen a 12 rhein. Fuß = 7532,4839 Meter (das Rheinische Maß war in Preußen das verbreitetste, es wird mitunter auch als Preußisches Maß bezeichnet)

138

den Boden eingedrückt als vom Tier, so dass im Abdruck

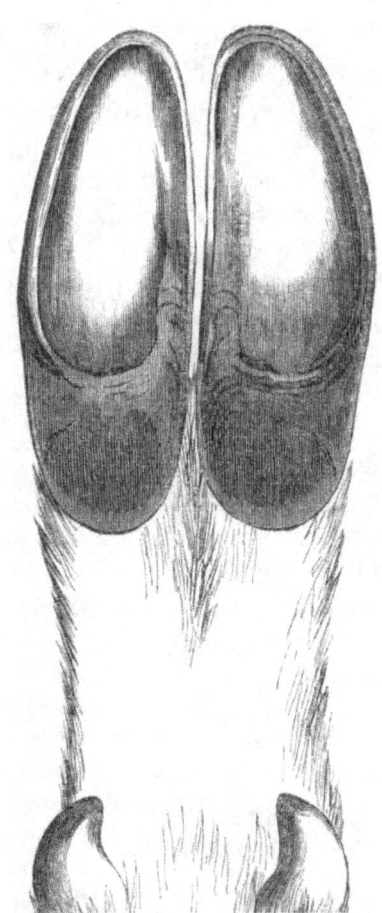

Fig. 1. **Die Rotwildfährte**

[Seite 137] Die Rotwildfährte

der Ballen zwischen Hirsch- und Tierfährte ein sehr merklicher Unterschied wahrzunehmen ist, den auch die fährtenkundigen Jäger als ein Haupt-Unterscheidungs-Zeichen beim Ansprechen der Fährten stets benutzen.

3) Die Stümpfe der Schalen entsteht bei den Hirschen durch das fortwährende Zwängen im Gange und durch die größere Schwere, wovon sich besonders bei alten Hirschen und bei solchen, die in steinigem Gebirgsboden ihren Stand haben, die unteren scharfen Ränder der Schalen mehr abnutzen als bei den Alttieren, wonach dann auch die Hirsch-

[Seite 138] Die Rotwildfährte

fährten stumpfer im Boden abgedrückt sind als die Tierfährten. Zuweilen haben übrigens ganz alte Tiere auch stumpfe Schalen.

4) Die Dicke und Stümpfe der Oberrücken zeichnet sich bei Hirschen von sechs und mehr Enden schon merklich gegen die der Alttiere aus. Die Stärke der Oberrücken von jagdbaren Hirschen beträgt circa ¾ Zoll im

Durchmesser, während dieselben bei Alttieren gewöhnlich nur ½ Zoll stark sind.

5) Die Weite des Schrittes hängt von der Größe und Stärke des Wildes ab, und ist deshalb auch zwischen männlich und Mutterwild sehr verschieden und deshalb ein sicheres Unterscheidungszeichen. Ein Kalb im Sommer schreitet circa 12 ½ Zoll weit. Der Spießhirsch schreitet schon 18 Zoll weit. Das Alttier und der Gabelhirsch schreiten 19 Zoll weit. Der Hirsch von sechs Enden 19 ¾ Zoll, der Hirsch von acht bis zehn Enden 20 ½ bis 22 Zoll und der Hirsch von zwölf bis sechszehn Enden schreitet 22 ½ bis 24 Zoll weit.

6) Das Schränken ist die Abweichung der rechten und linken Fährte von der graden Linie nach der Seite; es tritt bei stärkeren Hirschen mehr hervor, als bei den Tieren, obgleich hochbeschlagene Tiere auch ziemlich weit, aber unregelmäßig schränken. Die Weite des Schränkens beträgt bei den Hirschen 2 bis 4 Zoll, wenn man sich in der Mitte zwischen den linken und rechten Fährten eine Linie gezogen denkt und von dieser nach den seitwärts stehenden Fährten hin misst.

7) Der Burgstall ist die Erhöhung in der Fährte zwischen dem Ballen und der Schalenspitze. Der Burgstall gilt im

[Seite 139] Die Rotwildfährte

Lehmboden und im stehenden Sand als ein ganz gerechtes Zeichen, weil er in der Hirschfährte viel stärker hervortritt, als in den Tierfährten, indem der Hirsch beim Auftreten die Erde mit den Ballen mehr nach vorn schiebt, als das Tier und dadurch die Erde in die Höhlung der Schalen mehr eindrückt, wozu auch noch seine größere Schwere viel beiträgt.

8) Der Zwang entsteht durch Zurückdrücken der Schalen nach hinten, wenn der Hirsch seinen Körper fortbewegt und dabei mit den Schalenspitzen die Erde stark nach sich drückt; er tritt in den Hirschfährten merklicher hervor, als in den Tierfährten.

9) Der Beitritt entsteht dadurch, wenn das Wild den Hinterlauf nicht genau in die Fährte des Vorderlaufs, sondern mehr oder weniger seitwärts setzt. Die Tiere treten, wenn sie vertraut ziehen, gewöhnlich mit den Hinterläufen genau in die Fährte des Vorderlaufs, während die Hirsche oft etwas seitwärtstreten.

10) Das Zurückbleiben kommt bei alten starken Hirschen und auch bei hochbeschlagenen Tieren vor. Die Fährte des Hinterlaufs steht hierbei etwas hinter der Fährte des Vorderlaufs.

11) Das Übereilen kommt mitunter bei jungen Hirschen vor, wenn sie den Hinterlauf vor die Fährte des Vorderlaufs setzen. Zur Unterscheidung der Fährten vom Hinter- und Vorderlauf misst man in solchen Fällen die Breite der beiden Fährten. Die Fährte des Vorlaufes ist gewöhnlich um 1/6 bis 1/8 Zoll breiter, als die des Hinterlaufs.

12) Die Richtung der einzelnen Fährten. Die Hirschfährten stehen mit den Spitzen merklich nach auswärts, wäh-

rend die Tierfährten ganz parallel, also mit den Spitzengrad nach vorn stehen. Außer diesen Hauptzeichen gibt es noch folgende Zeichen, die aber den Hirsch nicht so bestimmt kennzeichnen, weil sie entweder selten vorkommen, oder vom Tier ebenso gemacht werden, wie vom Hirsch.

13) Die vier Ballen. Das Zeichen der vier Ballen entsteht, wenn der Hirsch beim Übereilen mit dem Hinterlauf nicht ganz vor die Fährte des Vorderlaufs tritt, sondern nur die vordere Hälfte derselben bedeckt, so dass die Ballen des Hinterlaufs dicht vor den Ballen des Vorderlaufs stehen und sämtlich sichtbar sind.

14) Der Kreuztritt oder die Kreuzfährte entsteht, wenn der Hirsch den Hinterlauf zur Hälfte seitwärts des Vorderlaufs setzt und die Fährte des Vorderlaufs dadurch halb bedeckt.

15) Der Schluss. Wenn der Hinterlauf gerade die Fährte des Vorderlaufs bedeckt, was bei Tierfährten meist der Fall ist.

141

16) Das Blenden. Wenn der Hirsch mit dem Hinterlauf die Fährte des Vorderlaufs etwas breiter oder länger macht und dadurch die Fährte trüglicher weise vergrößert.

17) Der Schlosstritt ist die Fährte, die man gewöhnlich in der Mitte des Bettes findet, wo ein Hirsch gesessen hat.

18) Das Kränzen. Wenn sich auf hartem Boden nur der äußere Rand der Schalen markiert.

19) Der Abtritt entsteht, wenn der Hirsch über benarbtem festen Boden zieht und mit dem Rand der Schalen Gras abschneidet, welches in der Fährte liegen bleibt.

20) Der Einschlag oder Inschlag. Wenn der Hirsch über benarbtem Boden oder über Saatfeld zieht, bleibt in

der Höhlung unter den Schalen oft Gras hängen, was nachher im wunden Boden in der Fährte kleben bleibt.

21) Das Insiegel entsteht, wenn der Schnee ballt oder wenn das Wild über tonigem, lehmigem Boden zieht. Es tritt sich dann unter den Schalen ein Ballen Schnee oder Erde fest, der von Zeit zu Zeit abfällt und den genauen Abdruck der Fährte enthält.

22) Das hohe Insiegel entsteht, wenn die abfallenden Erd- oder Schneeballen umgekehrt und vor der Fährte liegen.

23) Das Fädlein oder Fädchen nennt man den feinen Streifen Schnee oder Erde, der sich, wenn das Wild vertraut zieht, zwischen den Schalen eindrückt und in die Höhe stehen bleibt.

24) Das Näschen nennt man den feinen Erd- oder Schneestreifen, der sich vorn zwischen die Spitzen der Schalen eindrückt. Das Näschen bildet sich meist nur in den Hirschfährten, während sich in den Tierfährten gewöhnlich das Fädlein bildet, weil die Hirsche durch den ihnen eigentümlichen Zwang die Schalen fester zusammendrücken, wie die Tiere.

25) Das Scheibchen. Wenn das Wild über trocknen Sand oder über Stauberde zieht, die kurz vorher durch ein wenig Regen angefeuchtet ist, so formt sich die Fährte in der feuchten Oberfläche des Sandes, und kann von der trocknen Unterlage leicht abgenommen werden.

26) Der Wiedergang. Einzelne Hirsche machen oft, wenn sie aus dem Feld zu Holz ziehen, dicht vor dem Holz einen Wiedergang, indem sie nochmal ein Stückchen ins Feld zurückgehen und dann erst ins Holz hinein ziehen.

27) Das Himmelszeichen oder das Wenden entsteht, wenn der Hirsch durch eine Laubholzdickung zieht und mit seinem Geweih einzelne Blätter umwendet oder kleine Zweige einknickt, deren Blätter dann mit der unteren Seite gegen den Himmel gekehrt sind.

28) Das Wimpelschlagen. Wenn der Hirsch mit seinem Geweih Ameisenhaufen auseinander wirft.

29) Das Scherzen. Wenn der Hirsch mit seinem Geweih in die Erde bohrt und Erdstücke umherwirft.

30) Das Fegen. Die Hirsche fegen ihr ausgerecktes Geweih an geringen Stangen weicher Holzarten, um sich den Bast von den Enden abzureiben, sie schaben dabei die Rinde von den Stangen ab. Starke Hirsche fegen an stärkeren Stangen und reichen an diese auch höher hinauf, als schwache.

31) In der Brunftzeit schlagen die Hirsche oft die Rinde und auch kleine Zweige von geringen Stangen ab, was man „schlagen" nennt.

32) Das Plätzen kommt gewöhnlich nur in der Brunftzeit vor, wenn die Hirsche mit den Vorderläufen das Laub und Moos auf kleinen Plätzen wegscharren. Man nennt diese Plätze Brunftplätze.

33) Das Bleizeichen. Wenn der Hirsch über bloßliegende Steine zieht, auf denen sich dann die Ränder der Schalen wie mit Bleifeder gezeichnet, markieren.

34) Der Hirsch nässt zwischen die im gewöhnlichen Verhältnis stehenden Fährten, während das Tier zwischen die nebeneinanderstehenden Fährten nässt.

35) Die Losung ist beim Hirsch stärker als beim Tier. Im

143

Spätherbst und Winter ist die Losung trocken und mager, und liegt einzeln oder auch in kleinen Klumpen auf der Erde, im Frühjahr wird sie weich, im Sommer aber und besonders in der Feistzeit hängen die einzelnen Teile in einem schleimigen Überzug zusammen.

2. Die Damwildfährte

Die Fährte des Damwildes unterscheidet sich besonders durch ihre Form von der des Rotwilds, indem die Letztere mehr rund geformt ist, während die Erstere eine schmale längliche Form hat, nach vorn hin zugespitzt ist und mit der Schaffährte große Ähnlichkeit hat; siehe Fig. 2 in ruhiger Gangart und Fig. 3 flüchtig.

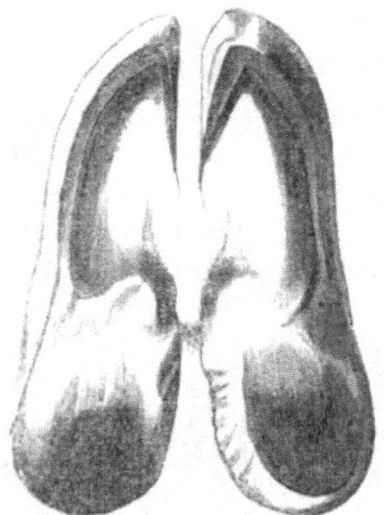

Fig. 2. **Die Damwildfährte in ruhiger Gangart**
Außerdem spürt sich aber auch das Damwild geringer, als das Rotwild. Die Fährte eines alten Damtieres ist un-

144

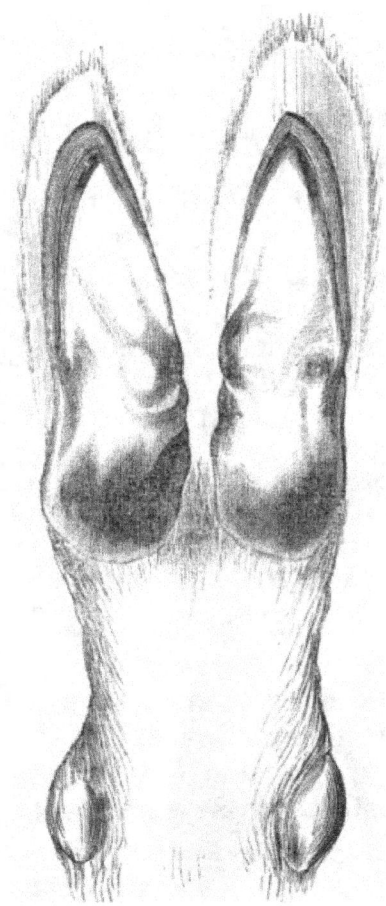

gefähr so stark, wie die eines Rotwildkalbes in der Brunftzeit und misst in der Breite gewöhnlich nur 1 ¼ Zoll und in der Länge 2 Zoll. Die Fährte eines Damschauflers ist so groß, wie die eines Rotspießers und misst 1 5/8 bis 1 ¾ Zoll in der Breite und 2 ¼ Zoll in der Länge. Die Hirschfährte lässt sich auch beim Damwild mit ziemlicher Bestimmtheit von der Tierfährte unterscheiden, da die Hauptzeichen fast alle, wenn auch nicht ganz so deutlich vorhanden sind, als beim Rotwild. Das Alter und die Stärke des Damwildes kennzeichnet sich ebenfalls durch die Größe der Fährten. Zur Unterscheidung der Hirschfährte von der Tierfährte können dieselben Unterscheidungszeichen benutzt werden, wie bei dem Rotwild.

Fig. 3. **Die Damwildfährte in flüchtiger Gangart**

3. Die Schwarzwildfährte

Die Fährte der wilden Sau hat ganz dieselbe Form, wie die der zahmen Schweine und unterscheidet sich allenfalls nur dadurch von diesen, dass bei der wilden Sau die Schalen etwas schärfer und abgelaufener sind, als bei den zahmen Schweinen. In zweifelhaften Fällen, die übrigens nur selten vorkommen können, wird man beim Folgen der Fährten hierüber bald ins Reine kommen.

145

Die Fährte von starken Schweinen hat in ihrer Form einige Ähnlichkeit mit der Rothirschfährte; man unterscheidet beide aber leicht an der Weite des Schrittes. Die Sauen schreiten mit ihren kurzen Läufen viel kürzer als das Rotwild. Die Frischlinge schreiten circa 10 ¼ Zoll; die Überläufer 11 ¾ Zoll; das zweijährige Schwein 12 ½ Zoll; der dreijährige Keiler 13 ¾ Zoll; das angehende Schwein 15 Zoll; das Hauptschwein nur 17 ¾ Zoll; also schreitet ein Hauptschwein noch kürzer, wie ein Rotspießer. Außerdem zeichnen sich hauptsächlich noch die Geäfter aus. Diese sind bei der Sau viel länger, stehen näher an den Schalen und mehr zu beiden Seiten der Läufe, so dass sie sich auch in der Fährte viel mehr abdrücken, wie beim Hirsch und weiter voneinander entfernt stehen als bei diesem.

Die Ballen drücken sich bei der Sau weniger ab, als beim Hirsch und können deshalb auch zum Unterscheidungszeichen dienen. Die Spitzen der Schalen stehen selbst in ruhiger Gangart nie so geschlossen, wie beim Rotwild.

Die jungen Sauen zeichnen sich bis zum dritten Jahr durch Ungleichheit ihrer Schalen aus. Die äußeren Schalen sind um ein merkliches länger, wie die inneren, und zwar vorzugsweise an den Vorderläufen. Bei älteren Sauen nimmt diese

Ungleichheit allmählich ab, so dass bei Hauptschweinen beide Schalen gleich lang sind.

Die Unterscheidungszeichen zwischen Keiler und Bache sind in der Fährte sehr unsicher und bieten nur bei ganz starken Schweinen einigen Anhalt. In der Fährte eines starken Keilers sind die Ballen und Geäfter etwas tiefer abgedrückt; die Schalen sind stumpfer und außerdem tritt das Schränken, Beitreten und das Zwängen beim Keiler stärker hervor, als bei der Bache. Wenn man außer der Brunftzeit, die in den Dezember fällt, ein einzelnes starkes Schwein spürt, so kann man mit ziemlicher Bestimmtheit annehmen, dass es ein Keiler ist.

Zum Ansprechen der Stärke und des Alters bietet die Breite und Größe der Fährte den sichersten Anhalt. Die Fährte des Frischlings misst über die Balken circa 5/6 Zoll, beim Überläufer 1 ½ Zoll, bei der zweijährigen Sau 1 5/8 Zoll, beim dreijährigen Keiler 1 5/6 Zoll, beim Hauptschwein 2 1/8 Zoll.

4. Die Rehwildfährte

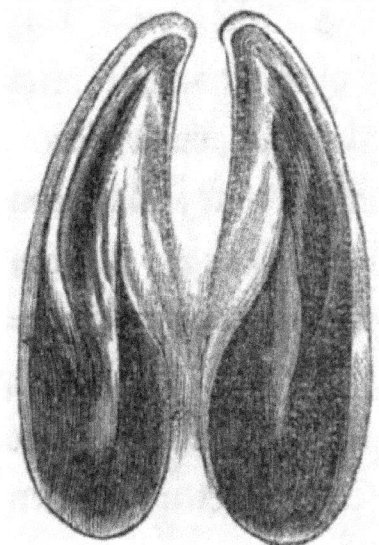

Fig. 4. **Die Rehfährte**

Die Form der Rehfährte, siehe Fig. 4 in ruhiger Gangart und Fig. 5 flüchtig, hat am meisten Ähnlichkeit mit der Rotwildfährte, nur dass sie viel kleiner ist, als jene, so dass die Fährte des stärksten Bockes noch immer geringer ist, als die eines Rotwildkalbes im Sommer. Die Fährte des starken Bockes ist, über die Ballen gemessen, gewöhnlich nicht viel über 1 Zoll breit und 1 ½ Zoll lang. Die Fährte einer alten Ricke ist

147

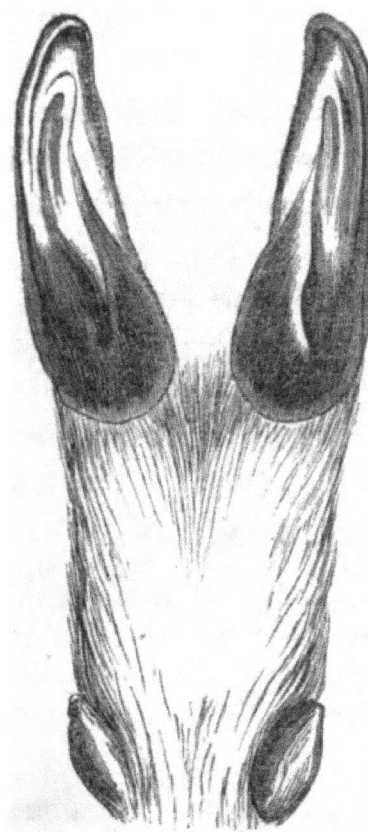

Fig. 5. **Die Rehfährte flüchtig**

fast ebenso groß, jedoch sehr selten über 1 Zoll breit. Die Fährte eines Gabelbocks oder eines starken Spießers ist 7/8 Zoll breit. Die Fährte eines Schmalrehes ist 5/6 Zoll breit und 1 ¼ Zoll lang und die Fährte eines Kalbes im Sommer ist nicht viel über ½ Zoll breit und 7/8 Zoll lang.

Zur Unterscheidung des Bockes von der Ricke gibt es keine sicheren Zeichen, obwohl aus den beisammenstehenden Fährten eines ganzen Sprunges Rehe die Fährte des Bockes herauszuerkennen ist, in deren Form das scharfe Jägerauge einige von den Hauptzeichen des Rothirsches, wie z.B. die Stümpfe der Schalen, das Schränken und besonders den Zwang zu erblicken vermag. Auch die zuweilen etwas größere Form kennzeichnet den Bock, am meisten aber der Zwang, der in der Fährte des Bockes dadurch hervortritt, dass die Schalen mehr geschlossen sind, wie bei der Ricke, weshalb auch das Fädlein und das Näschen in der Fährte des Bockes weniger stark vorhanden sind, wie in der Fährte einer Ricke.

5. Die Hasenspur

Die Hasenspur ist so allgemein bekannt, dass eine Zeich-

148

nung derselben überflüssig erschien. Mit den Hinterläufen überschnellt der Hase die Spur der Vorderläufe und setzt dieselben vor die Vorderläufe. Die Spur der Hinterläufe ist um vieles länger und auch breiter als die der Vorderläufe, weil der Hase von den zweimal längeren Hinterläufen noch einen Teil mit an den Boden andrückt.

Die Vorderläufe stehen bei allen Gangarten fast in einer Linie hintereinander. Die Hinterläufe stehen, wenn der Hase langsam hoppelt, fast gerade nebeneinander, siehe Fig. 6, da-

Fig. 6. Die Hasenspur in hoppelnder Gangart

gegen setzt der Hase die Hinterläufe in der Flucht etwas schräg nebeneinander, siehe Fig. 7.

Fig. 7. **Die Hasenspur in der Flucht**

6. Die Spur des Fuchses

Die Spur des Fuchses hat große Ähnlichkeit mit der Spur des Hundes, unterscheidet sich aber doch von dieser dadurch, dass die mittleren Zehen beim Fuchs mehr nach vorn herausstellen, wodurch die Fuchsspur eine etwas längliche Form erhält, während die des Hundes ganz rund ist, siehe Fig. 8.

Außerdem sind in der Fuchsspur die Ballen nicht so stark abgedrückt, wie beim Hund, der auch merklich schränkt und selbst in grader Richtung öfter einen Beitritt macht. Der Fuchs

schränkt nur, wenn er langsam schleicht und auch dann noch weniger wie der Hund. Wenn der Fuchs schleicht, so spürt man auf dem Schnee mitunter noch seine Rute, die er dabei herunterdrückt und in den Schnee einstreicht.

Wenn der Fuchs trabt, so setzt er die Läufe in einer graden Linie, siehe Fig. 9. Man sagt dann: der Fuchs schnürt. In der Flucht setzt er die Läufe nebeneinander, siehe Fig. 10.

Fig. 8. **Die Fuchsspur**

Fig. 9. **Die Fuchsspur im Trab**

Fig. 10. **Die Fuchsspur in der Flucht**

7. Die Spur des Dachses

Die Spur des Dachses zeichnet sich besonders aus durch den Abdruck der breiten und großen Ballen, siehe Fig. 11, durch die im Boden stark markierten langen und ziemlich breiten Nägel und durch den kurzen Schritt. Im Trab setzt der Dachs je zwei und zwei Läufe schräg nebeneinander, s. Fig. 12,

Fig. 12. **Die Dachsspur im Trab**

150

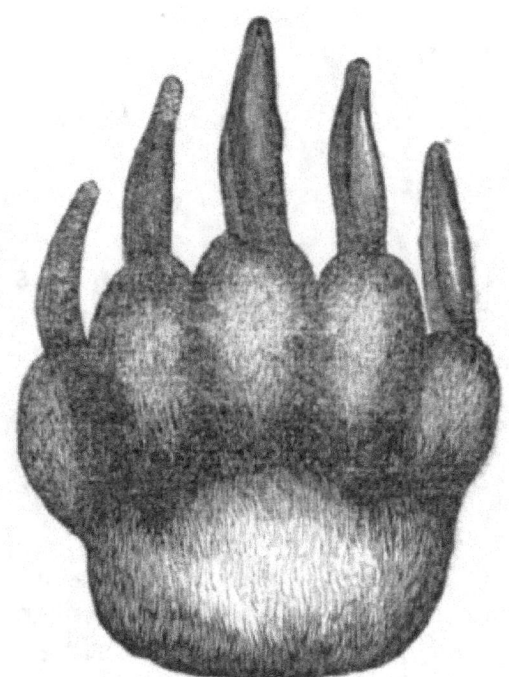

Fig. 11. **Die Dachsspur**

Flüchtig setzt er sie ähnlich wie der Fuchs, jedoch nicht je zwei Läufe so nahe aneinander, wie dieser, siehe Fig. 13.

Fig. 13. **Die Dachsspur in der Flucht**

8. Die Spur der Fischotter

Die Spur der Fischotter zeichnet sich durch den Abdruck der zwischen den einzelnen Zehen befindlichen Schwimmhaut aus, während sich die Ballen wenig markieren, sie ist etwas stärker, wie die eines Fuchses. Ein untrügliches Unterscheidungszeichen zwischen dieser und dem Fuchs etc. ist bei hohem Schnee das immerwährende Nachschleppen der Rute.

Im Trab setzt er gewöhnlich je zwei Läufe schräg nebeneinander, siehe Fig. 14

Fig. 14. **Die Spur der Fischotter im Trab**

[Seite 151] Die Spur des Baummarders

9. Die Spur des Baummarders

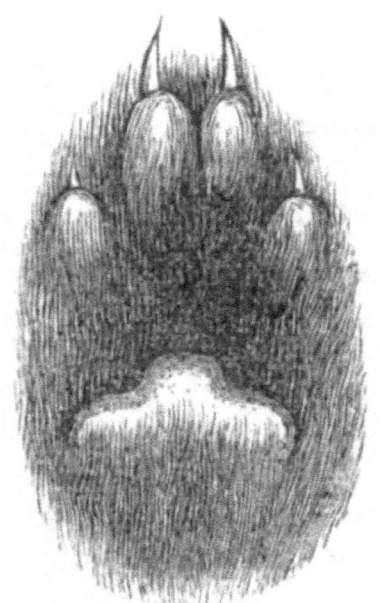

Die Spur des Baummarders gleicht der einer Hauskatze, nur dass sie eine etwas längliche Form hat. Die Ballen und Zehen markieren sich wenig, weil sie stark mit Haaren bewachsen sind, siehe Fig. 15.

Der Marder setzt bei seiner hüpfenden Gangart gewöhnlich je zwei Läufe schräg nebeneinander, siehe Fig. 16, oder er setzt auch die Läufe unregelmäßig, siehe Fig. 17, wo er sich dann leicht mit einem Hasen verwechseln lässt.

Fig. 15. **Die Spur des Baummarders**

Fig. 16. **Die Spur des Baummarders in hupfender Gangart**

Fig. 17. **Die Spur des Baummarders flüchtig und in hüpfender Gangart**

Fig. 18. **Die Spur des Steinmarders**

Der Steinmarder setzt ebenso wie der Baummarder, und unterscheidet sich in der Spur nur dadurch von diesem, dass beim

[Seite 152] Die Spur des Baummarders.

ersteren die Zehen und die weniger behaarten Ballen sich deutlicher abdrücken, siehe Fig. 18.

10. Die Spur der wilden Katze

Die Spur der wilden Katze hat dieselbe Form, wie die der zahmen, nur dass sich die wilde Katze merklich stärker spürt. Beim Schleichen schränkt die Katze etwas, in der Flucht setzt sie ähnlich wie der Fuchs.

11. Die Spur des Iltis

Der Iltis setzt fast ebenso wie der Steinmarder, nur stehen die Vorderläufe etwas weniger schräg und die Hinterläufe etwas enger nebeneinander, seine Sprünge sind kürzer und die Spur ist mehr rund und kleiner als beim

Steinmarder; außerdem sind beim Iltis auch die Zehen besser abgedrückt.

12. Die Spur des Wiesels

Das Wiesel setzt ebenso wie der Iltis, unterscheidet sich jedoch von diesem dadurch, dass die Spur kleiner ist, wie die des Iltis, während die Form der Spur ganz so ist wie bei jenem.

13. Die Spur des Eichhörnchens

Die Spur des Eichhörnchens hat bei allen Bewegungen, wenn es auf der Erde hüpft, dieselbe Form, siehe Fig. 19,

Fig. 19. **Die Spur des Eichhörnchens in hüpfender Gangart**

und nur die Entfernung der einzelnen Sprünge voneinander ist je nach der Bewegung verschieden. Wegen dieser Gleichförmigkeit kann die Spur des Eichhörnchens auch nie mit einer anderen verwechselt werden. Die längeren Hinterläufe kommen immer vor den Vorderläufen zu stehen und sind weiter voneinander entfernt, als die Vorderläufe.

14. Die Spuren des Bären, des Wolfes und des Luchses

Die Spur des **Bären** unterscheidet sich durch ihre abnorme Größe von allen übrigen Spuren, so dass sie nicht leicht verwechselt werden kann. Der Abdruck des Hinterlaufs hat große Ähnlichkeit mit der eines nackten Menschenfußes, nur dass beim Bären die Nägel spitzer sind.

Der Wolf spürt sich wie ein starker Hund, die beiden mittleren Zehen stehen jedoch bei ihm etwas weiter hervor, wie beim Hund, so dass die Wolfsspur eine etwas längliche Figur hat. Der Wolf trabt fast immer, wodurch auch sein Schritt weiter ist, als der des Hundes. Der Wolf schnürt wie der Fuchs. Mehrere Wölfe traben oft hintereinander in einer Spur, so dass man nur einen Wolf spürt.

Die Spur des **Luchses** hat die Form einer Katzenspur und die Größe einer mittleren Hundespur. Der Luchs trabt fast immer und schnürt dabei wie der Fuchs.

155

Zweiter Abschnitt

Von den Geweihen und Gehörnen

Die Stärke und Endenzahl der Geweihe und Gehörne steht gewöhnlich in einem richtigen Verhältnis zum Alter und zur Stärke des Wildes und wird deshalb auch meist die Zahl der Enden zur Bezeichnung des Alters und der Stärke des Wildes benutzt. Nur bei ganz alten Hirschen oder bei Kümmerern und wenn das Wild schlechte, magere Äsung hat, kann man von der Endenzahl nicht auf das Alter des Wildes schließen.

Wenn beim Zählen der Enden an beiden Stangen nicht gleich viele Enden sitzen, so verdoppelt man die Endenzahl derjenigen Stange, an welcher die meisten Enden sitzen und setzt dann vor dieser Zahl das Wort „ungerade." Man würde also ein Geweih, an dessen einer Stange fünf Enden sitzen, während an der andern nur vier oder drei sitzen, einen ungeraden Zehner nennen. Nach einer alten Waidmannsregel wird jede Sprosse, an der ein Jäger seine Hornfessel[93] aufhängen kann, als ein Ende mitgezählt. Von der Zahl der Enden schließt man also auf das Alter des Wildes und nimmt dabei an, dass die Hirsche alle Jahre zwei Enden aufsetzen.

---

[93] [KvR] Die Hornfessel ist der Riemen, an dem das Jagdhorn getragen wird. Früher bestand die Hornfessel bei den Jägerburschen aus einem einfachen schwarzen, ca. 1,5 cm breiten Glanzlederriemen mit Stahlbeschlägen. Bei den höheren Jagdbeamten war sie aus grünem Saffian, ca. 5 cm breit, mit silbernen oder goldenen Tressen und Silberbeschlägen. Ein Ende an einem Hirschgeweih wird nach überliefertem Brauch nur dann gezählt, wenn die Hornfessel daran hängenbleibt.

156

1. Das Geweih des Rotwildes

Das Kalb männlichen Geschlechts heißt bis zur Brunftzeit Hirschkalb; von da ab bis zum Februar Junghirsch oder Schmalspießer. Im Februar bilden sich beim nunmehrigen Spießer oder Spießhirsch die Rosenstöcke. Im Mai erscheinen dann auf den Rosenstöcken die ersten Keime des

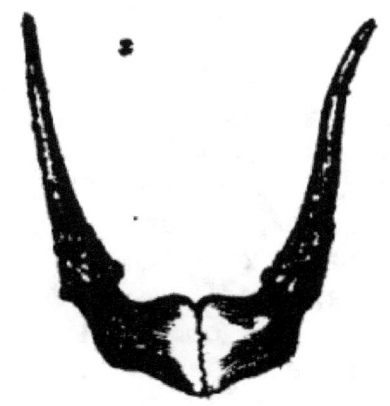

Fig. 1.

Geweihs und bilden sich bis zum August zu 6 bis 12 Zoll langen graden Spießen aus, die dann der Spießer Ende August fegt, siehe Fig. 1.

Fig. 2.

Im nächsten Jahr gegen Ende Mai wirft der Spießer seine Spieße ab, und setzt bis zum August gewöhnlich ein gabelförmiges Geweih auf, siehe Fig. 2, das gegen Ende August meist vollkommen ausgereckt und verhärtet ist und dann gefegt wird. Der Gabler ober Gabelhirsch wirft sein Geweih im Mai ab und setzt ein Geweih von sechs Enden auf, das bis Mitte August meist schon gefegt ist, siehe Fig. 3.

Fig. 3

Stärkere Hirsche werfen ihr Geweih im April ab, ganz starke Hirsche schon im März und verrecken dann das neue Geweih bis Ende Juli.

Ganz alte Hirsche und Kümmerer verrecken die Spitzen der Enden gewöhnlich nicht so scharf, so dass sie dann ganz stumpf sind und aussehen, als ob sie abgebrochen wären. Oft verringert sich auch die Endenzahl, und zwar bei sehr alten Hirschen von Jahr zu Jahr, so dass sie zuletzt nur noch kurze

[Seite 156] Das Geweih des Rotwilds

Stümpfe aufsetzen. — Solang das Geweih noch weich ist, nennt man dasselbe Kolben und den Hirsch, der es trägt, Kolbenhirsch. Während der Kolbenzeit kommen öfters Verletzungen an dem weichen Geweih vor, wonach sich dann dasselbe unregelmäßig, widersinnig und monströs ausbildet. Sobald das Geweih völlig ausgereckt und verhärtet ist, vertrocknet der Bast und wird vom Hirsch an der rauen Rinde einer Stange abgerieben. Das Fegen des Geweihs geschieht meist des Nachts und gewöhnlich an Stangen von weichen Holzarten. Starke Hirsche fegen an

158

dickeren Stangen, während schwache Hirsche an geringen Stangen fegen, die sich leicht biegen lassen. Beim Fegen reibt der Hirsch den Bast von den einzelnen Teilen des Geweihs ab und schabt zugleich auch die Rinde so hoch, wie er reichen kann, vom Baum ab. Man kann nach der Höhe des Fegens, wie auch nach der Stärke der Stämme beurteilen, ob das Fegen von starken oder schwachen Hirschen herrührt.

Junge Hirsche setzen alljährlich zwei Enden mehr auf. Hirsche, die zehn und mehr Enden tragen, nennt man jagdbar. Bei ganz starken Hirschen bilden sich die obersten Enden mitunter kronenförmig, siehe Fig. 4. Man nennt dergleichen Geweihe Kronengeweihe, oder sie bilden sich handförmig, siehe Fig. 5. Man nennt sie dann Handgeweihe, oder sie bilden sich auch schaufelförmig, wie z.B. der berühmte Sechsundsechzig-Ender, siehe Fig. 6, den Friedrich I., König von Preußen, im Jahre 1696 im Fürstenwalder Amt erlegt hat.

Den untersten Teil eines Geweihs oder Gehörns nennt man die Rose; es ist dies ein krauser Kranz, der mit dem Rosenstock verwachsen ist, sich aber beim Abwerfen des Geweihs vom Rosenstock ablöst. Das unterste Ende des Geweihs

[Seite 157] Das Geweih des Rotwilds

Fig. 4. **Das Kronengeweih**

Fig. 5. **Das Handgeweih**

[Seite 158] Das Geweih des Rotwilds

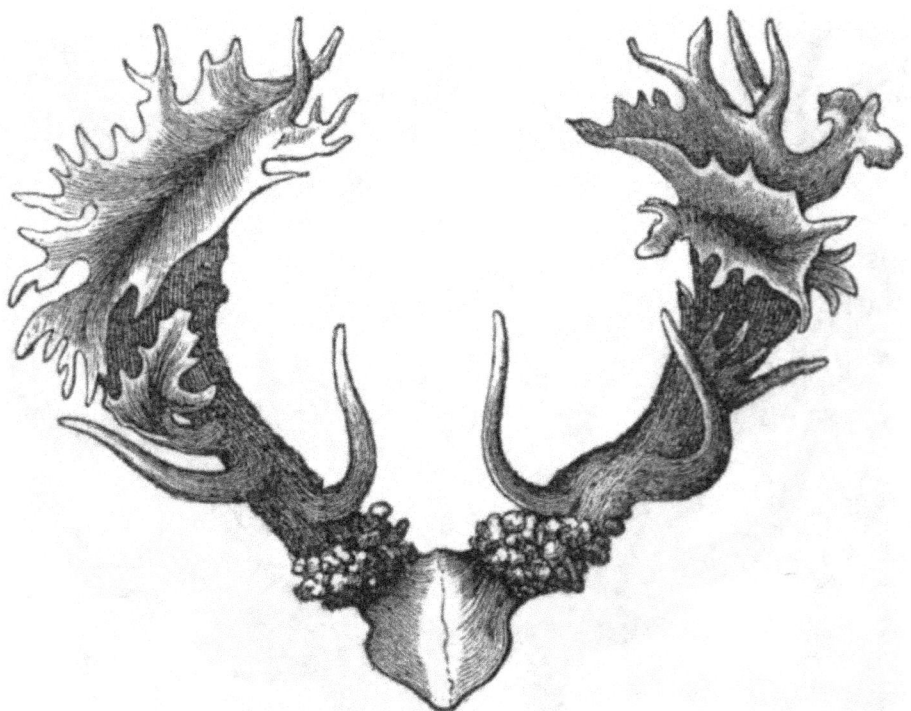

Fig. 6. **Der Sechsundsechzigender**

nennt man die Augensprosse, die immer etwas länger ist, als die übrigen Enden. Das zweite Ende heißt die Eissprosse und das dritte Ende bei stärkeren Geweihen die Kronensprosse. Der Rosenstock ist eine Verlängerung des

160

Hirnschädels; er ist beim alten Wild kürzer und stärker, wie beim jungen Wild.

Die Äsung und der Stand des Rothirsches trägt viel zur Ausbildung und sogar auch zur Stellung des Geweihs bei. Gebirgshirsche tragen kürzere aber dickere Geweihe mit größeren Perlen. Hirsche, die in der Ebene ihren Stand haben, recken ihre Geweihe mehr aus und tragen auch gewöhnlich mehr Enden. Einzelne Hirsche zeichnen sich auch noch durch eine abnorme Stellung ihres Geweihs aus, was vielleicht durch die Form und Stellung des Rosenstockes bedingt ist, weshalb dann auch das neue Geweih immer wieder dieselbe Stellung bekommt, die das alte abgeworfene hatte.

[Seite 159] Das Geweih des Damwildes

2. Das Geweih des Damwildes.

Das Geweih des Damhirsches spricht man nach seiner mehr oder weniger schaufelartigen Form und nicht nach seiner Endenzahl an, weil sich diese an den Schaufeln nicht gut zählen lassen und auch nicht immer in einem sicheren und richtigen Verhältnis zum Alter und zur Stärke des Damhirsches stehen.

Fig. 7. **Der Spießer**

Die Bildung des Rosenstockes und der Spieße ist beim Damspießer ebenso wie beim Rotspießer, nur dass beim Ersteren die Spieße gewöhnlich nicht über 4 bis 6 Zoll lang werden und auch etwas später ausgereckt und verhärtet sind, siehe Fig. 7.

Im nächsten Jahr wirft der Damspießer im Juni seine

Spieße und setzt ein Geweih von acht bis zehn Enden auf, siehe Fig. 8, welches er im September fegt; er heißt dann bis zum nächsten Jahr geringer Damhirsch. Im nächsten, also im dritten Jahre, wirft der geringe Damhirsch im Mai ab und setzt ein Geweih auf, an

Fig. 8. **Der geringe Damhirsch**

welchem sich schon geringe Schaufeln befinden, siehe Fig. 9. Er fegt dann im August und heißt dann geringer Damschaufler. Im Vierten und in den nächstfolgenden Jahren werfen die Schaufler schon Ende April oder Anfang Mai ab und fegen im August.

[Seite 160] Das Geweih des Damwildes

Fig. 9. **Der geringe Damschaufler**

162

Die Schaufler nehmen von Jahr zu Jahr an Breite und an Länge zu, und man spricht danach den Damhirsch als starken Schaufler oder aber, wenn er dreißig Enden hat, als Kapital-Schaufler an. An dem Geweih des Damhirsches sind wenig oder gar keine Perlen, dagegen sind die Augen- und die Eissprossen wie beim Rotwild vorhanden.

3. Das Geweih des Elch- oder Elenhirsches[94]

Die Geweihbildung beginnt beim Junghirsch schon im September mit dem Hervorkommen des Rosenstockes, auf dem sich über Winter nach und nach die Spieße ausbilden, die dann vom Spießer im August gefegt werden. Im nächsten Jahr wirft der Elchspießer im Februar ab und setzt ein Gabelgeweih auf, welches im August ausgereckt und verhärtet ist.

Im dritten Jahr wirft der Elchhirsch schon im Januar, starke Hirsche im Dezember und sehr starke Hirsche schon im November ab und fegen das neue Geweih auch schon im Juli. Das Ge-

[Seite 161] Das Geweih des Elch- oder Elenhirsches

weih der stärkeren Hirsche ist schaufelförmig und fast waagrecht etwas seitwärts ausgelegt, siehe Fig. 10.

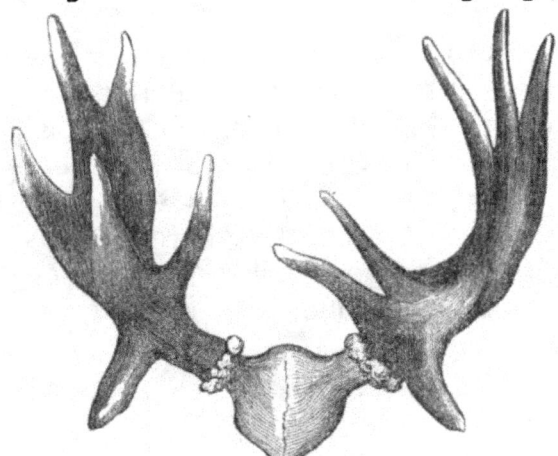

Fig. 10. **Das Geweih des Elch- oder Elenhirsches**

---

[94] [KvR] Elen = Elch

An den Schaufeln sitzen gewöhnlich noch ziemlich lange Enden, die man aber nicht, wie beim Rothirsch zählt. Der Elchhirsch wird nach der Stärke seiner Schaufeln gerade sowie der Damhirsch angesprochen. Das Elchwild findet man gegenwärtig nur noch im Norden von Europa. Im Königreich Preußen werden die in einigen Oberförstereien Ost - Preußens noch vorhandenen wenigen Stücke Elchwild sehr gehegt.

4. Das Gehörn des Rehbocks

Das männliche Rehkalb heißt von Martini (11. November) ab Spießbock, weil es im November seine ersten Spieße bekommt. Der Spießbock fegt im Februar oder im März und wirft im nächsten November seine Spieße ab, für

die er dann entweder stärkere Spieße oder ein Gabelgehörn aufsetzt; im letzteren Falle heißt er Gabelbock und fegt im April. Das Abwerfen des Gehörns erfolgt beim Rehbock meist immer im November. Der Gabelbock setzt nach dem Abwerfen gewöhnlich ein Gehörn von sechs Enden auf und fegt im März oder im April. Starke Böcke fegen mitunter schon Ende Februar, besonders wenn der Winter recht gelinde gewesen ist.

Ganz starke Böcke nennt man Kapitalböcke, diese zeichnen sich durch starke Stangen mit großen Perlen und großen Rosen und durch die Kürze des Rosenstockes aus. Mehr wie sechs Enden findet man selten an den Rehbock-Gehörnen, wohl aber gibt es viele widersinnige, verkümmerte und monströse Rehbock-Gehörne. Das Verkümmern des Gehörns ist gewöhnlich die Folge irgendeiner Krankheit, an der der Rehbock in der Zeit der Ausbildung des Gehörns leidet.

Am meisten Einfluss übt eine Verletzung und ein krankhafter Zustand des Kurzwildbrets⁹⁵ auf die Entwicklung des Gehörns aus. Böcke, die während der Ausbildung des Gehörns am Kurzwildbret beschädigt werden, bekommen ein ganz verkümmertes Gehörn; hatten sie zu der Zeit der Beschädigung gerade abgeworfen, so setzen sie oft gar nicht wieder auf. Das hier über die Bildung des Rehbockgehörns Gesagte, findet auch Anwendung auf das Rot-, Elch- und Damwild.

Dritter Abschnitt

Von den Regeln beim Schießen auf Wild

a) Mit der Büchse

Zum Erlegen des Hochwilds bedient sich der gute Jäger nur der Pirschbüchse⁹⁶, weil beim Schießen mit Schrot oder mit Posten das Wild sehr oft zu Holz geschossen wird. Die Pirschbüchse muss eine etwas grobe Visierung und ein blankes Korn haben, damit man auf dem Anstand in der Dämmerung noch immer gut und sicher visieren kann. Die Rundkugel verdient

---

⁹⁵ [KvR] Kurzwildbrett ist die Bezeichnung für Hodensack und Hoden des Schalenwildes und der Jagdhunde. Gelegentlich wird der Ausdruck auch für das ganze männliche Geschlechtsteil angewandt.
Beim Keiler bezeichnet man das Kurzwildbret als Klötze.
Eine Verletzung des Kurzwildbrets beim Rehbock kann zur Bildung eines Perückenkopfes führen.
⁹⁶ [KvR] Unter Pirschbüchse verstand man zur damaligen Zeit ein kurzes Jagdgewehr mit gezogenem Lauf. Man schoss daraus bloß Kugeln, weil Schrote zu sehr auseinander gestreut wurden. Die Züge waren gewöhnlich 1 ½ mal oder nur ¾ mal gewunden. Die Länge des Laufes schwankte zwischen 20 bis 30 Zoll und die Kugeln gingen 18 bis 22 auf ein Pfund.

vor der Spitzkugel den Vorzug, weil beim Schießen durch Zweige die Rundkugel sich nicht so leicht verschlägt und weil auch das Wild, welches mit einer Rundkugel angeschossen ist, besser und mehr schweißt, wie es bei der Spitzkugel der Fall ist, besonders wenn das Kaliber der Spitzkugelbüchse etwas schwach ist.

Die Pirschbüchse muss bis auf 120 Schritt auf allen Distanzen eingeschossen sein, d.h., der Jäger muss genau wissen, wie er auf den verschiedenen Entfernungen bis 120 Schritt damit anzuhalten hat. Bei nicht zu geringer Pulverladung ist der Unterschied im Abkommen gewöhnlich nicht groß, so dass man mit einer Büchse, die auf 120 Schritt auf Fleck eingeschossen ist, auf 100 Schritt gewöhnlich nur 1 Zoll, auf 80 Schritt eine halbe Hand breit und auf 50 Schritt eine Hand breit unter dem Ziel zu halten braucht. Weiter wie auf 120 Schritt darf man nach Hochwild nie schießen. In Revieren, wo die Jagd sehr pfleglich behandelt werden soll, ist sogar 120 Schritt schon zu weit und man begnügt sich hier, nicht weiter als auf 100 Schritt zu schießen.

[Seite 164] Das Schießen mit der Büchse auf Wild

Der Schuss aufs Blatt ist am sichersten, weil hier gerade die edleren Teile die größte Zielscheibe darbieten. In einzelnen Fällen schießt der sichere Schütze das Wild auch auf den Kopf. Schlechte und unsichere Schützen tun gut, solch missliche Schüsse nie zu wagen, sondern in solchen Fällen lieber gar nicht zu schießen.

Beim Schießen auf sich bewegendes Wild, muss etwas vorgehalten werden. Man würde z.B. auf 100 Schritt auf einen vorbei trollenden Hirsch circa 1 Fuß weit vor die Mitte des Blattes halten müssen. Zweckmäßiger würde es allerdings sein, wenn man den vorbei trollenden Hirsch durch ein leises Anrufen oder Pfeifen zum Stutzen bringt, und diesen Moment zur Abgabe des Schusses benutzt. Das richtige Schätzen der Distanz ist eine große Hauptsache, um hiernach das passende Abkommen nehmen zu können.

Vor Abgabe des Schusses muss man die Stelle, auf der sich das Wild befindet, scharf ins Auge fassen, damit man sie nach dem Schuss wiederfinden und sorgfältig untersuchen kann.

Im Schuss selbst achte man auf den Kugelschlag, auf das Zeichnen des Wildes und wohin und in welcher Weise dasselbe fortläuft. Nach dem Schuss bleibt man, wenn das Wild nicht unterm Feuer zusammengebrochen, ruhig stehen, fasst nochmals genau die Stelle, auf der das Wild stand, und die Richtung, in der man geschossen hat, ins Auge und geht erst, nachdem man seine Büchse wieder geladen hat, auf den Anschuss.

Um für alle Fälle gesichert zu sein, zeichnet man sich durch einen Bruch auch noch vorher den Ort, von wo man geschossen hat, damit man erforderlichenfalls die Flugbahn der Kugel genau feststellen kann.

[Seite 165] Das Schießen mit der Büchse auf Wild

Der Kugelschlag ist je nach dem Ort, an welchem die Kugel eingedrungen ist, verschieden. Trifft die Kugel bloß Wildbret, so ist der Kugelschlag dumpf und quatschend, wie z.B. beim waidwund Schuss, wo die Kugel durch den Wanst fährt; schlägt die Kugel durch einen wenig mit Wildbret bedeckten Knochen, wie z.B. einen Lauf, so ist der Schlag hell; trifft die Kugel einen Baum, so ist der Schlag hart und sehr laut. Auf ganz nahen Distanzen ist bei sehr scharf schießenden Büchsen der Kugelschlag oft wegen des gleichzeitig erfolgenden Knalls nicht hörbar, besonders wenn der Wind gerade von vorn steht und etwas scharf zieht; sonst aber kann man getrost annehmen, dass man vorbei geschossen hat, wenn man die Kugel nicht schlagen hört. Der Schlag von der Spitzkugel ist nicht ganz so laut, als der von der Rundkugel, man kann ihn aber immer noch deutlich genug hören.

167

Das Zeichnen des Wildes ist die Bewegung und das Verhalten desselben im Schuss und gleich nach dem Schuss. Je nach der Stelle, an welcher die Kugel in den Körper des Wildes eingedrungen und je nach der Empfindlichkeit der verschiedenen Wildarten ist das Zeichnen verschieden. Siehe hinten.

Der Anschuss ist diejenige Stelle, auf der sich das Wild in dem Augenblick befand, wo auf dasselbe geschossen wurde, er markiert sich durch besonders tiefe Eingriffe der Schalen. Man bezeichnet den Anschuss mit einem frischen Laubbruch, den man auf die Fährte oder auf den Schweiß oder auf die abgeschossenen Haare legt. Dieser Bruch muss so zu liegen kommen, dass das abgebrochene Ende nach derjenigen Richtung hinzeigt, in der sich das Wild entfernt hat, und dass auch die untere Fläche der Blätter nach oben zu liegen kommt, damit

sich der Bruch gut markiert. Man sucht auf dem Anschuss sorgfältig nach Haaren und nach Schweiß. Nach der Farbe der abgeschossenen Haare kann man oft schon urteilen, wo die Kugel sitzen muss, man darf dabei aber nicht etwa ausgefallene Haare, an denen noch die Wurzeln sitzen, und die das Wild in solchen Fällen beim Zusammenschrecken mitunter verliert, für abgeschossene halten.

Der Schweiß bietet gewöhnlich den sichersten Anhalt zur Beurteilung des Schusses. Findet man auf dem Anschuss gleich viel Schweiß, der sich aber beim Folgen der Fährte vermindert und nach einigen hundert Schritten ganz aufhört, so ist in der Regel kein edler Teil, sondern nur eine Hauptader verletzt worden, wie z.B. bei Keulenschüssen und bei schlechten Hals- und Brustkernschüssen. Fängt dagegen das Wild erst in einiger Entfernung vom Anschuss an zu schweißen und man findet, je weiter man folgt, immer mehr Schweiß, so sitzt die Kugel in der Regel gut und hat edle Teile verletzt. Findet man wenig Schweiß, der mit Inhalt vom

168

Gescheide vermischt ist, so sitzt die Kugel waidwund, d.h., im Wanst. Liegt der Schweiß weit entfernt von der Fährte und in kleinen Tröpfchen und Bläschen, so kann man auf einen Lungenschuss schließen, besonders, wenn der Schweiß eine helle Farbe hat. Schweißt das Wild zu beiden Seiten, so ist die Kugel quer durchgefahren. Findet man den Schweiß abwechselnd bald auf der einen, bald auf der andern Seite, so kann man auf einen Hals- oder Kopfschuss rechnen. Liegt der Schweiß vorn in oder an der Vorderfährte, so sitzt die Kugel sehr weit vorn, umgekehrt, wenn man den Schweiß in der Hinterfährte findet. Dies lässt sich übrigens da am sichersten beurteilen, wo das

Wild kurze Zeit gestanden oder gar schon gesessen hat. Läuft das Wild zwischen niedrigen Sträuchern durch, so bleibt an diesen ab und zu Schweiß hängen, von dem man dann auf die Höhe des Schusses schließen kann.

Findet man auf dem Anschuss Knochensplitter, so lässt sich annehmen, dass ein Lauf zerschossen sei, was sich dann auch leicht spüren lässt, weil das Wild in diesem Falle nur mit drei Läufen Fährten machen kann, die in einem ganz abnormen Verhältnis stehen. Setzt das Wild den Hinterlauf nicht in die Fährte des Vorderlaufs, sondern hinter diese, so sitzt die Kugel gewöhnlich waidwund.

b) Mit der Flinte

Mit der Flinte sollte man nie weiter als auf 40 bis 50 Schritt schießen und nur in Ausnahmefällen, beim Kesseltreiben, z.B. wenn der Hase noch im Kessel läuft, schießt man auf etwas weitere Distanzen. Es gibt Doppelflinten, mit denen man auch auf 60 Schritt noch ganz sicher einen Hasen totschießt, besonders wenn man dieselben mit sogenannten Kartätschen[97] lädt.

---

[97] [KvR] Die Kartätschen Herstellung für die Jagd wird von

Auf die Ladung der Flinte kommt überhaupt sehr viel an und viele Schützen, die da behaupten, ihre Flinten schössen schlecht, haben selbst Schuld daran, weil sie dieselben nicht gehörig zu laden verstehen. Die meisten Versehen werden hierbei gewöhnlich in der Pulverladung gemacht, indem sich nämlich viele Jäger scheuen, einen gehörigen Schuss Pulver einzuschütten, weshalb sie auch besonders im Winter selten einen Hasen, der über 30 Schritte von ihnen entfernt ist, unterm Feuer totschießen. Dergleichen Jäger, die in solchen Fällen immer die Schuld auf ihre Flinte

[Seite 168] Das Schießen mit der Flinte auf Wild

schieben, sei hier der Rat erteilt, so viel Pulver einzuladen, dass die Flinte gehörig stößt; es wird dann der Hase auf 40 Schritt und sogar auf 50 Schritt unterm Feuer liegen bleiben, weil der Schrot dann größere Kraft hat und gehörig durchschlägt.

Während des Sommers kann man weniger Pulver schießen, weil das Sommerkleid des Haarwildes sowohl, wie des Geflügels, dünner ist, wie das dicke Winterkleid. In einzelnen Fällen, z.B. bei der Suche auf kleine Schnepfen, reicht sogar beinahe ein halber Schuss Pulver hin, um noch immer weit genug die Schnepfen herunterschießen zu können.

Mit der richtigen Pulverladung ist jedoch auch noch nicht alles getan. Auch die Schrotladung muss zweckentsprechend sein. Viele Schützen meinen mit viel Schrot und mit recht starkem Schrot das Meiste zu leisten, doch diese haben sich alle verrechnet. Wer in dieser Beziehung die Mittelstraße hält, kommt gewöhnlich am weitesten. Nimmt man zu viel Schrot, so verliert der Schuss, besonders bei Gewehren mit kleinerem Kaliber, an Schärfe und Durchschlagskraft, was hauptsächlich im Winter die nachteiligsten Folgen hat. Ein altes Jäger-Sprichwort sagt ganz richtig: Viel Pulver und wenig Schrot ist der Hasen Tod,

Regener auf Seite 168, ab dem letzten Absatz und auf Seite 169, beschrieben.

und umgekehrt: Wenig Pulver und viel Schrot ist der Schnepfen Tod. Die Schrotladung darf nicht zu fest in den Lauf eingestampft werden. Aufs Pulver gehört ein tüchtiger Pfropfen von weichem Papier, den man fest aufsetzt. Aufs Schrot dagegen kommt nur ein schwacher Pfropfen, der auch nur ganz schwach aufgesetzt werden darf.

Mit der Kartätschenladung wird mitunter Unglaubliches geleistet; man schießt damit häufig bis auf 100 Schritt die Hasen unterm Feuer zusammen. Zur Anfertigung dergleichen Kartätschen

klebt man sich von festem Papier eine Papierhülse, die grade den Lauf ausfüllt. Unten in diese Papierhülfe steckt man einen gut passenden Filzpfropfen, dann schüttet man den Schrotschuss in diese Hülse und außerdem noch so viel trockenen Streusand, dass die Zwischenräume zwischen den Schrotkörnern ganz ausgefüllt werden, damit der Schrot als eine feste zusammenhängende Masse aus dem Lauf herausfliegen kann. Auf den Schrot kommt ein schwacher Filz- oder Papierpfropfen. Das untere und obere Ende der Hülse wird zugeklebt, ohne dass aber dabei an den Enden scharfe Ecken entstehen, die nachher beim Einladen der Kartätsche in den Lauf hinderlich sind. Die Filzpfropfen werden mit einem Pfropfenschläger geschlagen und müssen die Mündung gerade ausfüllen. Die obere und untere Fläche der Filzpropfen müssen ganz gerade sein, damit das Pulver mittels einer graden Fläche abgeschlossen wird, während dann auch der Schrot auf einer ganz graden Fläche zu liegen kommt. Zum Gebrauch der Kartätschen müssen die Röhre des Gewehres im Innern ganz glatt und rostrein sein, damit die Papierhülse beim Herunterstoßen und auch beim Herausfliegen nicht zerreißt, wodurch der ganze Zweck der Kartätsche verfehlt sein würde.

Zu Feld- und Kesseltreiben eignen sich dergleichen Kartätschen, die sich jeder leicht fabrizieren kann, sehr gut, während sie zu Holztreiben deshalb nicht so zweckmäßig sind, weil man mit ihnen auf kurzen Distanzen leicht vorbeischießt, indem dann der Schrot noch zu sehr zusammenhält.

Die Stärke des Schrotes ist für die verschiedenen Wildarten verschieden und schon vorn bei der Anwendung der Jagd-Methoden bei den betreffenden Wildarten angegeben. Als Grundsatz

lässt sich hierzu noch bemerken, dass man nie zu groben Schrot schießen darf, weil der grobe Schrotschuss weniger gut deckt, wie der etwas schwächere, und deshalb ganz unverhältnismäßig schlechteren Erfolg hat, wie dieser.

Eine gute Flinte muss den Schrot gehörig zusammenhalten, damit recht viele Körner treffen, wonach dann auch der Hase z.B. wie gerädert zusammenfällt. Das Zusammenhalten des Schrotes hängt nun nicht immer, wie das Scharfschießen von der richtigen Ladung ab, sondern von der inneren Beschaffenheit der Läufe. Der Flintenlauf muss im Innern glatt, ganz kugelgleich und gerade sein. Fast von der Mitte ab muss das Rohr nach hinten einen geringen Fall haben, d.h., das Rohr muss sich von der Mitte ab nach der Pulverkammer zu etwas erweitern. Von diesem Fall hängt besonders das Dichtschießen oder Zusammenhalten des Schrotes ab. Die vordere Hälfte des Rohres muss dagegen ganz kugelgleich sein und darf weder Fall noch Schluss haben.

Beim Schießen auf laufendes oder fliegendes Wild muss entsprechend vorgehalten werden. Einem breit seitwärts laufenden Hasen hält man, wenn man überhaupt so genau zielen will und kann, vorn auf den Kopf. Auf weitere Distanzen, wo man noch mit Kartätschen schießt, hält man ein Stückchen vor den Kopf, ebenso verfährt man, wenn man auf seitwärts ziehendes Flugwild schießt.

Eine im Wasser schwimmende Ente lässt man ganz aufsitzen, d.h., man hält etwas unter die Ente, ebenso auf einen im Lager sitzenden Hasen, den übrigens ein guter Schütze nie im Lager totschießen wird. Schüsse auf spitz von vorn heranlaufendes Wild, z.B. auf einen Fuchs, sind sehr unsicher,

weil der Schrot nicht gut vorn in den Körper eindringen kann, und weil man dabei auch leicht das Wild überschießt. Ruhige Schützen suchen dergleichen Schüsse zu vermeiden und lassen in solchen Fällen das Wild erst bei sich vorbei laufen, um dann spitz von hinten zu schießen, wobei viel seltener Fehlschüsse und schlechte Schüsse vorkommen. Auf Geflügel, welches spitz von hinten vom Schützen wegzieht, hält man etwas drunter, damit der Vogel in den Schuss hineinzieht.

Vierter Abschnitt

Vom Zeichnen des Wildes und von der Behandlung des angeschossenen Wildes

Aus der eigentümlichen Bewegung, die das Wild macht, wenn es von der Kugel oder von den Schroten getroffen wird, kann man meist mit Bestimmtheit schließen, an welchem Körperteile die Verletzung stattgefunden hat, weil bei gleichartigen Schüssen diese Bewegung bei den betreffenden Wildarten auch allermeist gleichartig ist. Ebenso verschieden aber, wie die Verletzung des Wildes sein kann, ist nun auch die Behandlung des angeschossenen Wildes, bei der nun noch die eigentümliche Gewohnheit der Wildart eine Hauptrolle spielt.

1. Das Rotwild

Wenn ein Stück Rotwild unterm Feuer zusammenbricht, so kann die Kugel:

a) Auf dem Blatt sitzen und das Herz getroffen haben, wonach denn auch das Verenden plötzlich erfolgt, oder

173

b) es kann ein Hals- oder Rückgratschuss sein, bei dem die Kugel den Halsknochen oder das Rückgrat gesprengt hat, wonach aber das Wild nicht wieder zum Aufstehen kommt, sondern bald oder auch plötzlich verendet, wenn das Rückenmark dabei durchschnitten ist.

c) Es kann ein bloßer Krellschuss sein, nach welchem sich das Wild bald wieder aufrappelt und dann auch gewöhnlich fortkommt. Es ist deshalb ratsam, an ein Stück Wild, welches plötzlich unterm Feuer zusammenbricht, sogleich heranzugehen um, wenn es nötig ist, entweder noch einen zweiten Schuss anzubringen, oder das Wild schnell abzufangen.

Bei solchen Krellschüssen hat gewöhnlich die Kugel nur das Rückgrat oder den Halsknochen erschüttert oder etwas verletzt, ohne ihn jedoch ganz zu durchbrechen. Sonst kann auch die Kugel noch das Geweih unten an den Rosen oder gar die Rosenstöcke berührt und vielleicht auch stark verletzt haben, wonach dann der Hirsch plötzlich ganz betäubt zusammenbricht, sich aber bald wieder erholt und davonläuft.

Nach einem Blattschuss, wobei nicht das Herz, sondern nur edle Teile verletzt werden, fährt das Wild gewöhnlich vorn in die Höhe, es macht dabei oft einen mächtigen Satz in die Luft, indem es noch alle Kräfte des gesunden Hinterteiles anwendet, oder es springt auch wohl mit allen vier Läufen gleichzeitig in die Höhe, oder es schnellt auch bloß mit den Hinterläufen.

Erhält das Wild den Blattschuss in der Flucht, so schleift es oft mit dem Vorderteil ein ganzes Stück dicht über der Erde fort, ohne jedoch die Erde dabei zu berühren. Es rennt nach einem Blattschuss mit außergewöhnlicher Schnelligkeit fort, trennt sich vom Rudel, indem es eine andere Richtung einschlägt

174

als dieses, läuft gegen Sträucher und Stangen, mäßigt aber schon nach einigen hundert Schritten seinen schnellen Lauf und stürzt bald zusammen und verendet.

Sitzt die Kugel weniger gut auf dem Blatt, so dass die edlen Teile weniger von der Kugel verletzt wurden, so entfernt sich das angeschossene Rotwild noch über einige hundert Schritte und oft noch ziemlich weit und tut sich dann nieder. In solchen Fällen darf man dem angeschossenen Rotwild nicht sogleich folgen, sondern man lässt es zwei bis drei Stunden ungestört sitzen, bis das Wundfieber eingetreten und bis es steif geworden oder gar schon verendet ist. Man beobachte in dergleichen Fällen die Regel, dem angeschossenen Wild nie gleich nach dem Schuss weiter als auf einige hundert Schritte zu folgen, damit nicht etwa das krankgeschossene Wild, wenn es im Niedertun begriffen, oder sich schon niedergetan hat, wieder zum Entfliehen aufgescheucht wird, wobei es dann so weit läuft, wie es nur irgendwie kann und dadurch dem Jäger die Nachsuche sehr erschwert. Wenn man gleich nach dem Schuss aufmerksam auf das Entfliehen des Wildes gehorcht hat, wird man schon wissen, ob das Wild etwa bald zusammengebrochen oder ob es noch weit fortgelaufen ist und sich dann hiernach richten können. Nach zwei bis drei Stunden also, oder wenn man vermuten kann, dass der Schuss wenig tödlich ist, nach noch längerer Zeit, beginnt man erst mit der Nachsuche und Hetze.

Sitzt die Kugel waidwund, d.h., im Wanst und in den Eingeweiden, so fährt das Wild stark zusammen, will schnell entfliehen, fängt aber bald an langsamer zu laufen und trollt dann mit krummen zusammengezogenen Rücken weiter, wobei es auch den Hinterlauf nicht genau in die Fährte des

175

Vorderlaufs zu setzen vermag. Ein waidwund geschossener Hirsch muss längere Zeit sitzen, um erst gehörig krank zu werden, ehe man die Nachsuche und Hetze unternimmt.

Keulenschüsse, bei denen die Knochen nicht stark verletzt werden, sind ebenso wie die Halsschüsse dieser Art meist erfolglos. Man findet bei einem solchen Schuss anfangs gewöhnlich sehr vielen Schweiß, besonders wenn eine Hauptader von der Kugel durchschnitten wurde, der sich aber bald verringert und endlich ganz aufhört.

Beim Zerschießen eines Vorderlaufs bricht das Wild vorn unterm Feuer zusammen, springt jedoch sogleich wieder auf und läuft auf drei Läufen fort, wobei es in der ersten Zeit noch mehrere Male vorn niederstürzt, zuletzt aber so gut laufen lernt, dass es ein sehr flüchtiger Hund kaum einholen kann. Es ist deshalb auch ratsam, in solchem Falle sogleich einen Hund auf das Stück Wild zu hetzen, damit es nicht erst flüchtig laufen lernt.

Beim Zerschießen eines Hinterlaufs bricht das Wild nach dem Schuss hinten zusammen, rafft sich wieder auf und entflieht hinkend, ohne jedoch dabei flüchtig zu werden, so dass es vom Hund bald eingeholt werden kann. Auch in diesem Falle muss man sogleich den Hund lösen.

Wenn auf ein erlegtes Stück Wild zwei Schützen gleichzeitig von beiden Seiten geschossen haben und es lässt sich aus der Art der Verwundung nicht erkennen, von welcher Seite es getroffen oder von welcher Seite es den tödlichen Schuss erhalten hat, so wird angenommen, dass der Schütze auf der Seite, auf welcher das Wild verendet liegend gefunden wird, der Erleger desselben sei. Bei einer Kugelschusswunde, die auf der einen Seite hinein und auf der andern Seite herausgeht, kann man bestimmt urteilen, von welcher Seite die Kugel eingedrungen ist, indem nämlich auf der Seite, wo die Kugel eindringt, das Haar an der Schusswunde durch die Kugel abgeschnitten wird, während auf der andern Seite, wo die Kugel herausfährt, das Haar unversehrt bleibt.

Wird ein angeschossenes Stück Wild von einem zweiten Schützen totgeschossen, so gilt bei allem Wild, was zur hohen Jagd gehört, derjenige Schütze als Erleger desselben, der es angeschossen hat, dagegen aber bei dem Wild, was zur niederen Jagd gehört, derjenige, der es totgeschossen oder der doch den letzten Treffschuss darauf abgegeben hat.

2. Das Damwild.

Das Damwild zeichnet im Allgemeinen ebenso wie das Rotwild.

Die Behandlung eines angeschossenen Stück Damwildes weicht aber von der des Rotwilds in Folgendem ab: Wegen seiner großen Scheuigkeit muss man sich mehr hüten, wie beim Rotwild, ein angeschossenes Stück Damwild zu früh zu beunruhigen. Stört man es früher, ehe es so krank geworden ist, dass es nicht mehr fort kann, so läuft es in der Regel solange und so weit, wie es nur irgendwie kann, bevor es sich wieder niedertut. Man lässt deshalb ein angeschossenes Stück Damwild länger sitzen, wie das Rotwild und nur in dem Fall, wenn man einen recht flüchtigen Schweißhund hat, kann man sogar die Hatz früher wagen, wie beim Rotwild, da das Damwild weniger Ausdauer hat und auch nicht so flüchtig ist, als das Rotwild. Für dergleichen Fälle ist ein Schweißhund unbedingt notwendig.

Bei der Nachsuche nimmt man den Schweißhund am besten an der Leine, und lässt denselben auf der Fährte und auf dem Schweiß nachziehen. Sobald nun das angeschossene Stück Wild vor dem Hund aufsteht, löst man denselben von der Leine und hetzt ihn auf das entfliehende Wild. Der Jäger muss sich dann beeilen, der Hatz möglichst schnell zu folgen, um das von dem Hund endlich gestellte Wild totzuschießen.

3. Das Schwarzwild

Das Zeichnen der angeschossenen Sauen ist in den meisten Fällen fast ebenso wie beim Rotwild. Dagegen ist die Behandlung der angeschossenen Sauen ganz abweichend von der des Rotwilds.

Ein angeschossenes Schwein muss sogleich nach dem Schuss angehetzt werden, weil es so weit läuft, wie es nur irgendwie kann, ehe es sich einschiebt, wodurch die Nachsuche sehr erschwert wird und ohne Schnee auch oft ganz erfolglos ist. Zur Hatz auf angeschossene Sauen nimmt man nicht gern gute Hunde, weil sie hierbei zu sehr der Gefahr ausgesetzt sind, totgeschlagen zu werden. Man verwendet hierzu gewöhnlich den Saufinder, den man sogleich auf die frische Fährte bringt und nicht etwa an der Leine, sondern frei folgen lässt. Das angeschossene Schwein lässt sich vom Hund leicht stellen und wird dann von dem heranschleichenden Jäger totgeschossen. Der Jäger muss sich bei dergleichen Hatzen bemühen, von Haus aus schon dem losgelassenen Hund zu folgen, und recht schnell bei der Hand sein, wenn der Hund das Schwein stellt.

Folgt der Jäger bei Schnee ohne Hund einem angeschossenen Schwein, so muss er vorsichtig sein, wenn er dem eingeschobenen

178

Schwein nahekommt. In dichten Schonungen, wo er nicht
gut ausweichen kann, muss er es vermeiden sich von vorn
dem Schwein zu nähern. Fährt das Schwein nach dem
Schuss auf ihn los, so springt er kurz zur Seite, worauf dann
das Schwein bei ihm vorbeiläuft und den Angriff gewöhnlich
nicht erneuert. Bei starkem Schnee-Anhang ist aber
außerdem noch eine andere Gefahr für den Jäger hierbei
vorhanden. Es setzt sich nämlich unversehens, auch bei der
größten Vorsicht, beim Nachkriechen in der Dickung Schnee
in die Mündung des Gewehres. Wird man nun durch das
Hervorbrechen des Schweines veranlasst, seinen Schuss
plötzlich abzugeben, so kann man den Schnee nicht vorher
aus der Mündung herausmachen und sprengt sich dann
leicht das Gewehr.

4. Das Rehwild

Das Zeichnen des Rehes nach dem Schuss ist
ebenfalls dem des Rotwilds ähnlich, nur dass das Reh schon
bei einer geringen Verwundung viel empfindlicher zeichnet,
wie jedes andere Wild, und sich auch viel früher und meist
schon auf einige hundert Schritt vom Anschuss niedertut.
Man lässt das angeschossene Reh, ebenso wie den Hirsch,
erst einige Stunden sitzen und krank werden, und folgt dann
entweder mit dem Schweißhund an der Leine auf der Fährte,
oder man sucht mit einem freigehenden Hühnerhund die in
der Nähe des Anschusses befindlichen Horste und Sträucher
kurz ab, wobei dann das herausfahrende Reh entweder bald
eingeholt oder schon im Bett vom Hunde ergriffen und
festgehalten wird.

5. Der Hase

Über das Zeichnen und die Behandlung eines krankgeschossenen Hasen lässt sich nicht viel sagen. Man spart auf einen Hasen, der nach dem Schuss nicht unterm Feuer liegen bleibt, ungern den zweiten Schuss. Auf Ackerland kann man schon nach dem Aufschlagen des Schrotes beurteilen, ob der Hase Schrot bekommen hat, was man dann bestimmt annehmen kann, wenn der Hase mitten in dem aufschlagenden Schrot läuft. Beim Eindringen des Schrotes in den Körper fährt er mit demjenigen Körperteil am meisten zusammen, der am stärksten verletzt ist. Beim Entfliehen markiert sich dies auch in der Art und Weise seines Laufens. Glaubt man nach all diesem den Hasen bestimmt getroffen zu haben, so hetzt man sogleich einen in der Nähe befindlichen Hühnerhund auf denselben, und lässt diesen den Hasen greifen. Ereignet sich hierbei der Fall, dass der krankgeschossene, gehetzte Hase in einen Fuchsbau hineinschlüpft, so braucht man denselben nicht zu graben, sondern man verpflockt die Ausgänge des Baus mit gehörigen Pflöcken, und geht am anderen Morgen hin, um den vorn in der Röhre dicht vor den Pflöcken verendeten Hasen herauszunehmen.

6. Der Fuchs

Die Erscheinungen beim angeschossenen Fuchs sind so verschiedenartig, dass es schwerfällt, bestimmte Zeichen festzustellen. Die beste und sicherste Behandlung eines angeschossenen Fuchses ist die, dass man auf ihn, wenn er nicht nach dem ersten Schuss gleich regungslos zusammenfällt, sogleich noch den zweiten Schuss anbringt und alsbald einen Hund auf ihn hetzt, der den etwa nur betäubten Fuchs einholt und packt, ehe er wieder zur Besinnung kommt. Das beste Zeichen beim Fuchs ist ein schnelles lautloses Zusammensinken. Auch wenn der Fuchs nach dem Schuss mit der Nase tief am Boden lang fährt, und wohl gar dabei den Boden berührt, und die Standarte gerade aufwärts streckt, kann man annehmen, dass er tödlich getroffen ist und bald verenden liegen bleiben wird. Zögert der Fuchs auf dem Anschuss und verschwindet er dem Schützen nur langsam aus den Augen, so kann man auch annehmen, dass er nicht mehr weit gehen wird.

Schreit der Fuchs im Schuss laut auf, so ist gewöhnlich ein Knochen getroffen. Ist der Schrot waidwund, oder in die Keule, oder in den Hinterlauf eingedrungen, so fährt der Fuchs mit dem Kopf schnell herum, und beißt sich in den verwundeten Teil, wobei er außerdem auch gewöhnlich noch keckert. Wird der Fuchs am Vorderteil leicht verwundet, so stürzt er gewöhnlich im Feuer zusammen, rafft sich aber bald wieder auf und läuft flüchtig fort. Überschlägt sich der Fuchs oder schwenkt er im Schuss die Standarte einige Mal im Kreis, so hat man ihn gewöhnlich ganz und gar gefehlt.

7. Das Rebhuhn

Das Rebhuhn markiert jede Verwundung durch ein Zusammenrücken und durch eine matte und steife Flügelbewegung und auch dadurch, dass es von dem Volk zurückbleibt und allein einfällt. Wird ein Huhn am Hinterteil des Rückens verletzt, so lässt es sogleich beide Ständer herabhängen, ohne dieselben wieder anzuziehen, und steigt taumelnd und bogenweise ziemlich hoch in die Luft, aus der es endlich, wenn die Kräfte nachlassen, sehr krank herabfällt. Zieht das Huhn die infolge der Verwundung herabhängenden Ständer bald wieder an, wie es die Raubvögel tun, bei denen man im Flug dicht vorbei geschossen hat, so ist das Huhn gewöhnlich nur im Unterleib getroffen, wonach es aber vom Volk zurückbleibt und allein einfällt. Beim Aufsuchen dergleichen kranker Hühner liegen dieselben sehr fest und lassen sich meist durch den Hund fangen, indem sie noch ein kurzes Stückchen fortflattern, sich dann aber nicht mehr zu erheben vermögen.

Bei Verletzung eines Schenkels lässt das angeschossene Huhn den kranken Ständer hängen, sondert sich vom Volk ab und liegt beim Wiederaufsuchen sehr fest. Hühner, die beim Herabstürzen auf der Erde noch mehrere Male in die Höhe fahren, sind am Kopf tödlich verwundet. Dagegen kommt es auch vor, dass Hühner, die nur leicht am Kopf gestreift sind, ebenso herunterstürzen, einige Augenblicke herumtaumeln, sich dann aber wieder erheben und fortstreichen. Bei Verletzung eines Ständers trennt sich das verletzte Huhn gewöhnlich erst beim Einfallen von den übrigen, tut dabei wenig krank und kuriert sich auch meist den verletzten Ständer wieder aus.

Streifschüsse erkennt man an der Menge der abgeschossenen und in der Luft umherfliegenden Federn. Nach solchen Streifschüssen senkt sich das Huhn meist etwas in der Luft, kommt aber bald wieder gehörig in Zug und streicht mit dem Volk fort, wobei es dann mitunter einige Male laut ruft.

Um nicht etwa einzelne krankgeschossene Hühner ganz zu verlieren, zählt man jedes Mal das aufstehende Volk, um nachher beim Wiederaufsuchen zu wissen, ob eins von den Hühnern fehlt.

Ist dies der Fall, so ist das fehlende unzweifelhaft krankgeschossen und muss nun sogleich aufgesucht werden, weil es sich jetzt noch am leichtesten auffinden lässt. Einzelne krankgeschossene Hühner darf der tüchtige Jäger überhaupt nie aufgeben, er muss so lange suchen, bis er sie wieder gefunden hat, er muss dies als eine Ehrensache betrachten und sein Vergnügen und seinen Vorteil dabei ganz außer Acht lassen.

8. Die Waldschnepfe

Die Waldschnepfe, sowie überhaupt alle Schnepfenarten sind sehr weichliche und empfindliche Vögel, die bei der geringsten Verwundung schon wer weiß wie krank tun und deshalb auch die geringste Verletzung durch irgendwie eine auffallende Bewegung markieren.

Schnepfen, die im Schuss sogleich beide Flügel an den Leib nehmen, oder sich in der Luft überschlagen, sind tödlich verwundet und fallen entweder schon verendet auf die Erde, oder verenden doch bald. [Bei] Schnepfen, die schief und flatternd oder auch mit einem zwitschernden Schmerzenslaut herunterfallen, ist entweder ein oder auch beide Flügel zerschossen. Wenn die Schnepfen nach dem Schuss beide Ständer herunterhängen lassen, so haben sie gewöhnlich im Rückgrat oder in den Schenkeln Schrot bekommen, wonach sie dann bald einfallen und sich auch leicht vom Hund greifen lassen.

Bei einem leichten Schuss in den Unterleib, wenn sie also waidwund geschossen sind, sinken sie mit einer zitternden Bewegung ziemlich schnell aus der Luft herab, wobei sich besonders noch eine gewisse Steifheit der Flügel markiert. Selten fällt die waidwund geschossene Schnepfe gleich ein, sondern sie streicht erst noch ein Stückchen fort, und fällt dann wie eine gesunde Schnepfe leise ein, wobei sie aber fast immer einen kleinen

Bogen macht. Schnepfen, die gleich nach dem Schuss
taumelnd im Kreis in die Höhe steigen, sind meist am Kopf
oder am Schnabel verletzt, mitunter aber auch waidwund
geschossen. Nach einer starken Verletzung am Schnabel
stürzt die Schnepfe sogleich betäubt herunter, streicht aber,
sobald sie später aufgestört wird, wie eine gesunde
Schnepfe weit fort.

Alle Schnepfen, die nach dem Schuss plötzlich
herunterfallen und alle flügellahm geschossenen Schnepfen
lässt man beim Abend-Anstand sogleich durch den Hund
aufnehmen, während es bei allen krankgeschossenen
Schnepfen, die noch 100 Schritt und über 100 Schritt weit
fortziehen, ratsamer ist, erst am andern Morgen Nachsuche
zu halten, weil man solche, nur leicht verwundete Schnepfen
gewöhnlich nicht bekommt, wenn man sie sogleich aufsucht.
Sie streichen meist ganz niedrig fort, wo sich dann selten
ein Schuss anbringen lässt, besonders wenn es schon etwas
dunkel geworden ist.

Fünfter Abschnitt

Von der Behandlung und Benutzung des erlegten Wildes

1. Vom Abfangen, Abnicken und Abfedern des Wildes

Alles Wild, welches unverendet in die Hände des
Jägers gelangt, wird auf eine bestimmte, waidmännische
Weise getötet, und zwar:

a) Starke Hirsche und alles Schwarzwild werden mit dem
Hirschfänger abgefangen, indem man denselben auf
der

184

linken Seite dicht hinter dem Blatt, etwas tief nach unten, bis ins Herz, oder von vorn in die Brusthöhle, zwischen Hals und Brust, bis in die Herzkammer hineinstößt.

b) Alles Mutterwild, alles geringe Rot-, Elch-, Dam- und das Rehwild wird mit dem Genickfänger abgenickt[98], indem man in der kleinen Vertiefung hinter den Gehören, zwischen Hals und Kopf, das Rückenmark durchsticht, wobei man gar keine Gewalt anzuwenden nötig hat, weil an dieser Stelle das Rückenmark nur mit Haut und mit etwas Wildbret bedeckt ist.

c) Hasen und Kaninchen werden mit der bloßen Hand genickt, indem man sie mit der linken Hand an den Hinterläufen hochhält, so dass der Kopf nach unten zu hängen kommt und mit der geöffneten rechten Hand senkrecht von oben hinter die Löffel schlägt, wobei die innere Handfläche gegen den Rücken des Wildes gekehrt sein muss.

d) Dachse, Füchse, Marder, Fischotter, Katzen, Iltis, Wiesel und dergleichen Raubzeug werden mit Knütteln totgeschlagen, indem man tüchtige Schläge auf den Hinterkopf oder auf die Nase führt. Beim Dachs und auch beim Fuchs ist hierbei große Vorsicht anzuraten, weil unrichtig geführte Schläge diese Tiere nur betäuben, nicht aber töten, weshalb auch schon

---

[98] [KvR]

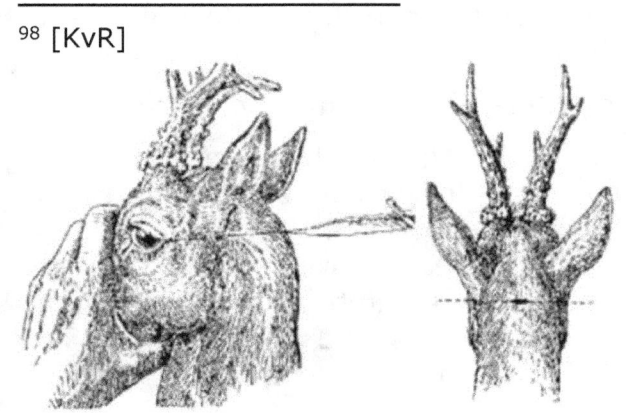

mancher anscheinend totgeschlagene Fuchs wieder entkommen ist.

e) Auerwild, Schwäne, Trappen und Kraniche werden abgenickt, indem man sie mit dem Genickfänger an derselben Stelle, wie bei den Rehen in den Kopf sticht.

f) Birkhühner, Fasanen, Haselhühner, Rebhühner, Wachteln und Drosseln werden mit einer ausgezogenen Schwung-

feder abgefedert, wobei man denselben die Spule der ausgerupften Schwungfeder an derselben Stelle wie beim Auerwilde in den Kopf sticht.

g) Lerchen und allen übrigen kleinen Vögeln wird der Kopf mit dem Daumen eingedrückt.

2. Vom Aufbrechen und Auswaiden des Wildes

Alles Wild, dessen Wildbret zum Essen benutzt werden soll, muss sobald wie möglich ausgewaidet werden, weil es sonst leicht verdirbt.

Keilern und Hirschen muss auf der Stelle, wo sie erlegt werden, das Kurzwildbret herausgenommen werden, weil sonst das Wildbret einen bockartigen Geschmack annimmt. Man schärft hierzu die Haut, in der sich die Testikel befinden, mittels eines Längsschnittes auf und zieht dieselben einzeln heraus.

Das Aufbrechen und Auswaiden des Wildes geschieht nach gewissen waidmännischen Regeln, und zwar:

a. Das Aufbrechen des Rot-, Elch-, Dam- und Rehwilds

Zum Aufbrechen des Wildes wählt man sich einen freien, berasten Platz. In Ermangelung desselben bestreut man sich einen unberasten Platz mit frischen Laubbrüchen und streckt hier das Wild so aus, dass es auf dem Rücken zu liegen kommt und die Läufe gen Himmel gekehrt hat. Den Hals und Kopf legt man in dieselbe Richtung, wie den Corpus. Beim gehörnten

186

Wild zieht man das Geweih gegen den Corpus zurück, so dass es zu beiden Seiten des Halses zu liegen kommt, und dass der Unterkiefer mit dem Hals eine Linie bildet.

[Seite 185] Vom Aufbrechen etc. des Wildes

Zum Aufbrechen bedient man sich eines starken Genickfängers, welchen der Jäger immer bei sich führen muss. Die Rockärmel dürfen nach altem Waidmannsbrauch dabei nicht umgeschlagen werden, ebenso dürfen weder Hut noch Hirschfänger abgelegt werden. Nachdem alle diese Vorbereitungen getroffen sind, tritt man auf die linke Seite des Wildes, ergreift mit der linken Hand den rechten Vorderlauf, drückt die Messerspitze dicht vor dem Brustknochen auf die Mitte der Brusthöhle in die Haut ein und schärft dieselbe von hieraus über die Mitte des Halses bis an den Drosselknopf auf, sodann ergreift man den Schlund, löst ihn am Drosselknopf ab und stößt denselben mit der rechten Hand so tief wie irgendwie möglich in die Brust hinein von der Drossel ab, während die linke Hand das abgeschnittene Ende desselben fest zuhält.

Um das Herausfließen der Äsung zu verhüten, wird das obere Ende des Schlundes eingeschürzt, oder mit einem Knoten versehen; man schärft hierzu eine Hand breit vom oberen Ende des Schlundes das denselben umgebende rote Wildbret vorsichtig bis auf die wirkliche weiße Schlundröhre rund herum ein und schiebt von diesem Einschnitt aus das Wildbret eine Hand breit nach unten zurück, so dass die eigentliche Schlundröhre mehrere Zoll breit frei wird. An dieser freien Stelle schürzt man entweder einen Knoten ein, oder man macht einen kurzen Längsschnitt und steckt den vorderen Teil des Schlundes mehrere Male hindurch, damit die Öffnung desselben vollkommen verschlossen wird, und schiebt dann das zurückgedrückte Wildbret wieder herauf, so dass der Knoten ganz damit bedeckt wird.

Nun geht man nach dem Hinterteil und tritt zwischen beide Hinterläufe, ohne jedoch dabei über das Wild hinweg zu schreiten.

[Seite 186] Vom Aufbrechen des Wildes

Man schärft hier zuerst die Haut zwischen dem Kurzwildbret über die Mitte des Bauches bis an die Brust auf, ohne aber dabei das unter der Haut befindliche Wildbret und die Bauchmuskel zu verletzen, löst die Brunftrute aus, macht dann zwischen dem Kurzwildbret, dicht vor dem Schloss, einen kurzen Einschnitt in die Bauchmuskel und schärft von hieraus den Bauch bis an die Brust auf, wobei man sich zu hüten hat, dass das Gescheide und die Blase nicht mit der Messerspitze beschädigt werde; man nimmt deshalb die Messerspitze zwischen den Zeige- und Mittelfinger der linken Hand, die innere Handfläche nach oben gekehrt, steckt die beiden Finger mit der so maskierten Messerspitze in den kleinen Einschnitt zwischen dem Kurzwildbret und schärft so den Bauch auf, wobei man fortwährend die Messerspitze zwischen den Fingern behält und mit den Fingerspitzen das Gescheide zurückdrückt. Man greift dann mit beiden Händen nach der vorderen Seite des Wanstes, sucht den vom Wanst aus durch die Brusthöhle nach dem Hals gehenden Schlund, den man in der Nähe des Rückgrats auf der linken Seite, von sich aus gerechnet, finden wird, zieht denselben an den Wanst heran und wirft, mit beiden Händen untergreifend, das Gescheide rechts neben das Wild. Hierbei hat man sich vorzusehen, dass die Leber und Nieren nicht beschädigt und nicht mit herausgerissen werden.

Hierauf sprengt man das Schloss, indem man zuerst die Naht aufsucht, die sich durch eine nach innen hervorragende Erhöhung markiert. Diese Naht trennt man mit der Messerspitze oder mit einem scharfen Beil und bricht dann das Schloss vorsichtig auseinander. Nun schärft man das Wildbret zwischen den Keulen bis an das Waidloch durch und löst den Mast-

darm hinten am Waidloch aus. - Zur Konservierung der Keulen lässt man gern das Schloss ungeöffnet, löst aber dann von innen den Mastdarm so nahe wie möglich am Waidloch aus. Die sogenannten Brandadern an der inneren Seite der Keulen werden dann sogleich aufgestochen, damit der in denselben befindliche viele Schweiß herauslaufen kann und nicht gerinnt.

Endlich schärft man vorn am Kopf den Drosselknopf ab, löst das Zwerg- oder Querfell, welches die Herzkammer nach hinten zu verschließt, an den Seiten ab, sucht sich im vorderen Teile der Herzkammer die Drossel, zieht diese in die Herzkammer hinein, ergreift dieselbe mit der linken Hand und zieht die Drossel samt dem ganzen Geräusch heraus, während man mit der rechten Hand durch Abschärfen der festgewachsenen Teile nachhilft. Zuletzt hebt man das Vorderteil in die Höhe, lässt den Schweiß hinten herauslaufen, steckt frische Laubbrüche in den Corpus und streckt das Wild auf die rechte Seite.

Wenn das Wild im Wald aufgebrochen wird, lässt man das Geräusch gewöhnlich in demselben, muss aber dann in das Querfell einige Einschnitte machen und den in der Herzkammer befindlichen Schweiß herauslaufen lassen. Das Geräusch, welches aus Herz, Leber und Lunge besteht und das Feist oder der Talg gehören immer dem Jäger, wenn nicht etwa nach einem alten ortsüblichen Herkommen das sogenannte Jägerrecht[99] noch größer ist. Das alte Jägerrecht war

---

[99] [KvR] Als Jägerrecht bezeichnete man den früher üblichen Naturalienlohn der Jäger nach der Jagd. Es wird zwischen dem Großen und dem Kleinen Jägerrecht unterschieden.
Das Große Jägerrecht war der Anspruch des Jagdherrn auf Wildbret und Trophäen des erlegten Wildes. (Üblicherweise wird aber die Trophäe dem Erleger überlassen.) Regional wurde das

viel umfangreicher und bestand außer dem Geräusch noch aus dem Kopf, dem Hals, der Haut und drei Federn oder Rippen.

[Seite 188] Vom Aufbrechen etc. des Wildes

b. Das Aufbrechen des Schwarzwildes

Beim Aufbrechen des Schwarzwildes verfährt man im Allgemeinen sowie beim Rotwild. Am Hals wird jedoch die Haut nicht aufgeschärft, sondern man sticht die Drossel und den Schlund mittels eines Querschnittes oberhalb des Drosselknopfes ab.

Beim Herausnehmen des Gescheides sucht man sich zuerst den Schlund und hält denselben fest zu, damit keine Äsung[100] herauslaufen kann. Die Drossel wird mit dem Geräusch zusammen, wie beim Rotwild, herausgenommen.

Beim Aufbrechen eines Keilers in der Brunftzeit muss der sogenannte Brunftbrand um die Öffnung der Brunftrute herum ausgeschärft werden, indem man hier die Schwarte ungefähr 4 Quadratzoll groß ablöst und die darunter befindliche gallertartige Masse entfernt.

c. Das Auswerfen oder Auswaiden der Hasen.

Zum Auswerfen der Hasen macht man kurz vor dem Schloss einen kleinen Einschnitt in den Balg und in die Bauchmuskel, steckt den Zeige- und Mittelfinger der linken Hand hinein, nimmt die Messerspitze wie

---

Große Jägerrecht als Naturalentlohnung der Jäger angesehen. Die angestellten Jäger erhielten das Haupt ohne die Trophäe, den Hals mit dem Vorschlag bis zur dritten Rippe, die Haut, das Geräusch, also Lunge, Herz, Leber, Nieren und das Feist.
Das Kleine Jägerrecht bezeichnete den Anspruch des Erlegers oder der angestellten Jäger auf die eßbaren Teile des Aufbruchs. Noch heute hat der, der das Wild aufgebrochen hat, Anspruch auf Herz, Leber, Nieren, Lunge und Zunge.
[100] [KvR] Heutzutage spricht man beim Schwarzwild von Fraß und nicht von Äsung.

vorn beschrieben zwischen die beiden Finger und schärft den Bauch von hieraus bis zum Brustkern auf; dann ergreift man mit der linken Hand den Hasen an den Hinterläufen, tritt mit der Spitze des linken Fußes auf die Vorderläufe und zieht mit der rechten Hand das Gescheide heraus. Den Mastdarm löst man entweder im Innern, kurz vor dem Waidloch ab, oder man öffnet auch das Schloss dabei, was aber wegen Konservierung des Wildbrets nicht geschehen darf, wenn die Hasen verschickt werden sollen, wenngleich

[Seite 189] Vom Aufbrechen etc. des Wildes

es in diesem Falle gerade darauf ankommt, dass der Mastdarm gehörig ausgelöst ist.

Zur Vermeidung all dieser Nachteile gibt es eine Methode, die besonders empfohlen zu werden verdient. Man reißt nämlich vor dem Herausnehmen des Gescheides den Mastdarm außerhalb bei dem Waidloch von dem Balg ab, indem man den Hasen mit den Fingern der linken Hand an der Blume ergreift, ihn so hält, dass das Waidloch nach oben gekehrt ist und dann mit den Fingern der rechten Hand den Mastdarm erfasst und ihn zuerst von dem oberen Rand des Waidlochs und dann, nachdem man zuvor mit der linken Hand den unteren Rand des Waidloches ergriffen hat, auch von dem unteren Rand abreißt und herauszieht.

Zum Herausnehmen des Geräuschs drückt man mit der Faust der rechten Hand das Querfell ein, tritt mit der linken Fußspitze auf die Vorderläufe und reißt mit der rechten Hand das Geräusch heraus, während die linke Hand den Hasen an den Hinterläufen festhält.

d. Das Aufbrechen und Ausziehen des Federwildes.

Auerwild, Schwäne, Trappen und Kraniche und überhaupt alles zur Hohen Jagd gehörige Federwild muss aufgebrochen werden. Man schärft dazu vom Waidloch aus den Bauch nach der Brust hin eine kleine

191

Hand breit auf und zieht mit den Fingern das Gescheide heraus.

Bei allem übrigen Federwild, mit Ausnahme der Schnepfen, Drosseln und der kleineren Vogelarten wird das Gescheide mit einem kleinen Haken aus dem Waidloch heraus-

gezogen. Man steckt dabei den Haken in das Waidloch hinein, und zieht das Gescheide allmählich damit heraus. Zur Erleichterung dieses Geschäftes kann man sich auch das Waidloch etwas erweitern.

3. Vom Hessen und Anfedern[101] etc. des Wildes zum Transport

Alles erlegte Wild muss alsbald so zugerichtet werden, dass es sich in hängender Stellung bequem transportieren und später vorteilhaft aufhängen lässt.

a) Alles größere Wild vom Reh aufwärts wird geknebelt, indem man die beiden Vorderläufe über dem Knie auf der hintern Seite eine Hand breit aufschärft und die hier befindliche starke Sehne oder Hesse[102] so weit

---

[101] [KvR] Anfedern
Um geschossene Vögel besser tragen, oder aufhängen zu können, knüpft man zwei starke Flügelfedern — die man rechtwinklig zwischen den Nägeln des linken Daumens und Zeigefingers durchgezogen und dadurch geschmeidig gemacht hat — mit beiden Fahnenenden zusammen; welches am besten durch den bekannten sogenannten Weberknoten geschehen kann. Hierauf sticht man das Spulende der einen Feder durch das Nasenloch des Vogels, oder, wo dies nicht geht, zwischen den Kinnbacken des Schnabels durch, und knüpft dann die beiden Spulenden zusammen. Man nennt dies: anfedern. — Werden aber mehrere kleine Vögel an zwei zusammengeknüpfte Federn gehängt, so nennt man es: aufkluppen.
[102] [KvR]

vom Knochen trennt, dass man durch diesen Spalt je einen Hinterlauf hindurch stecken kann. Der rechte Hinterlauf wird nun durch den linken Vorderlauf und umgekehrt der linke Hinterlauf durch den rechten Vorderlauf bis übers Knie hindurchgezogen; dann nimmt man je einen kleinen hölzernen Knebel und steckt ihn hinter die Hesse der Hinterläufe, damit dieselben nicht wieder zurückrutschen können. Zuletzt wird noch der Kopf zwischen den Vorderläufen fest eingeklemmt, damit derselbe nicht hin und her baumeln kann.

Starkes Rot- und Damwild wird gewöhnlich nicht geknebelt, weil es wegen seiner allzu großen Schwere doch nicht getragen werden kann.

Während der Aufbewahrung im Keller etc. muss das Wildbret bis zum Zerwirken aufgehängt sein, und zwar so, dass der Kopf oben ist.

[Seite 191] Vom Hessen etc. des Wildes zum Transport

b) Füchse und Hasen werden eingehesst, wobei man mit dem Fangmesser an dem rechten Hinterlauf über dem Knie die Hesse von dem Knochen trennt und den linken Hinterlauf hindurchsteckt.

c) Alles größere Federwild wird einzeln angefedert und beim Transport sowohl, wie bei der Aufbewahrung, einzeln aufgehängt. Man nimmt dazu zwei von den längsten Schwung- oder Schwanzfedern, bindet die Fahnen derselben mittels eines Kreuzknotens fest zusammen, zieht eine der Federn mit dem Spulende durch die Nasenlöcher des Vogels und bindet die vorher biegsam gemachten Spulenden so zusammen, dass

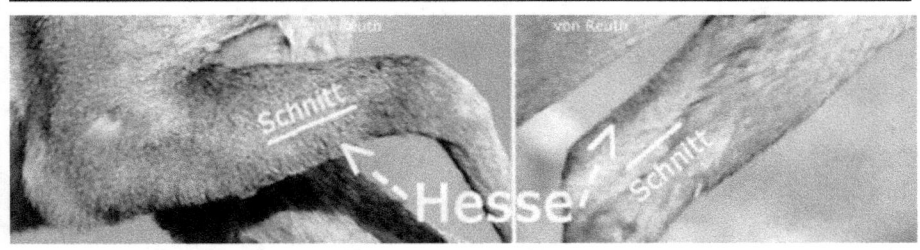

eine Öse entsteht. Bei ganz großen Vögeln zieht man die Federspulen nicht durch die Nasenlöcher, sondern durch die Kinnlade, weil sich sonst der Schnabel weit öffnen würde.

d) Kleineres Federwild wird zusammengekluppt, d.h., es werden zwei oder mehrere Vögel, wie oben beschrieben, zusammen befestigt, die dann einen Klupp[103] oder Spieß[104] bilden.

Krammetsvögel und Lerchen werden gewöhnlich nicht an den Nasenlöchern mittels Federn, sondern an den Ständern mittels Pferdehaarschlingen aufgekluppt. Man nimmt dabei von allen Vögeln die rechten Ständer an den Zehen zusammen, zieht oberhalb derselben die Schlinge fest zu, schürzt sie noch mehrere Male fest um die Ständer herum und knüpft das übrig bleibende Ende zu einer Öse zusammen.

---

[103] [KvR] 1. Klupp, auch Kluppe genannt ist eine veraltete Bezeichnung für einen Bündel Vögel.
2. Zu einem Klemmbrett an dem die gerupften Vögel für den Verkauf geklemmt waren, sagte man auch Kluppe.
3. Man sprach bei zwei Ganzvögeln (Großvögel wie Schnepfen, Gänse, Enten usw.) oder bei vier Halbvögeln (z.B. Singvögel) von einem Klupp.

[104] [KvR] Spieß ist die veraltete Bezeichnung für ein Bündel Vögel. Man sprach bei vier Ganzvögel oder bei acht Halbvögel von einem Spieß.

4. Vom Zerwirken und Abstreifen des Wildes und von der Behandlung und Zubereitung der Häute, Schwarten und Bälge.

Die gute Verwertung der Häute und Bälge bedingt ein regelrechtes Zerwirken und Abstreifen des Wildes und eine sorgfältige Behandlung und Zubereitung derselben.

a. Das Zerwirken des Rot-, Dam- und Rehwildes.

Zum Zerwirken eines Stück Wildes wird dasselbe ebenso gestreckt, wie es vorn beim Aufbrechen beschrieben ist. Man wählt dazu entweder einen Rasenplatz oder man streckt es auf Bretter oder Steine, die vorher ganz rein abgefegt werden. Nachdem dies geschehen, schärft man mit einem recht scharfen Nickfänger[105] die beim Aufbruch noch nicht aufgeschärfte Haut von der Brust über die Mitte des Halses bis an den Unterkiefer auf, geht dann zuerst an den rechten Vorderlauf, schärft an demselben die Haut drei Finger breit oberhalb der Oberrücken rund herum ein, schärft von hieraus auf der inneren Seite des Laufes die Haut über das Knie bis an die Mitte der Brust auf und verfährt dann mit dem linken Vorderlauf ebenso.

Die Hinterläufe werden nun drei Finger breit oberhalb der Oberrücken ebenso gekreuzt, wie die Vorderläufe. Man fängt damit am rechten Hinterlauf an und schärft von hieraus die Haut über die Hessen bis ans Waidloch auf. Hierauf beginnt man mit dem Abwirken[106] der Haut[107], man streckt das Stück Wild

---

[105] [KvR] Ein Nicker auch Knicker, Nickfänger, Genickfänger ist ein 15–25 cm langes und schmales, einseitig scharf geschliffenes Jagdmesser, das neben seiner allgemeinen Verwendung geeignet ist, ein Stück Wild durch einen Stich in den Nacken über dem obersten Halswirbel, den Atlas, zu töten. Der oberste Halswirbel wird, weil er das Nicken mit dem Kopf ermöglicht, auch Nicker genannt.

[106] [KvR] Veraltetes Wort für Abhäuten.

dazu auf die linke Seite, wirkt zuerst den rechten Vorderlauf und dann die ganze rechte Seite vom Kopf bis an den Wedel[108] ab, löst an der Wurzel desselben die Haut rund herum ab, so dass Haut und Haar an dem Wedel sitzen bleiben

und streckt dann das Stück Wild auf die rechte Seite, um mit der linken Seite ebenso zu verfahren.

Das Geweih oder Gehörn wird gewöhnlich nach dem Zerwirken mit einem Beil abgeschlagen, oder auch abgesägt, welches Letztere allerdings ebenso wenig streng waidmännisch ist, wie das Abschlagen des Geweihs vor dem Zerwirken. Beim Strecken des zerwirkten Wildes von einer Seite auf die andere muss die abgewirkte Haut sorgfältig untergebreitet werden, damit das Wildbret nicht sandig oder sonst unsauber wird, ebenso muss man sich hüten, dasselbe durch Haare oder Schweiß unansehnlich zu machen.

Das Abwirken der Haut geschieht meist mit dem Daumen und der Faust der rechten Hand und nur an denjenigen Stellen, wo die Haut zu fest sitzt, schärft man sie mit dem Fangmesser[109] ab, wobei jedoch das Messer sehr vorsichtig geführt werden muss, um nicht in die kostbare Haut einzuschneiden. Im Übrigen ist hierbei das Verhalten des Jägers ebenso wie beim Aufbrechen des Wildes. Die Haut bleibt während des Zerlegens noch unter dem Wildbret liegen, wird aber

---

[107] [KvR] Haut sagt man heutzutage nur noch zum Fell des Bären; Ansonsten wird Decke beim Haarwild verwendet - außer beim Dachs und Schwarzwild ist es die Schwarte (abschwarten) bei Hase, Kaninchen, Murmeltier, Bieber und Wolf ist es der Balg (abbalgen).
[108] [KvR] Schwanz bei allem Schalenwild; außer beim Schwarzwild (Pürzel)
[109] [KvR] Das Fangmesser war ein kurzer Hirschfänger ohne Bügel, der zum Abfangen von Wild verwendet wurde. Es ist heutzutage vergleichbar mit dem Nicker.

dann sogleich mit Asche bestreut, tüchtig ausgereckt und auf einem luftigen Boden über eine Stange oder Leine, mit der Haarseite nach innen, aufgehängt, damit sie gehörig austrocknen kann.

b. Das Zerwirken oder Abschwarten des Schwarzwildes.

Beim Zerwirken des Schwarzwildes beginnt man mit dem Abschlagen des Kopfes, der aber nicht abgeschwartet werden darf. Es kommt dabei hauptsächlich darauf an, möglichst viel vom Rückgrat daran sitzen zu lassen; man zieht deshalb

[Seite 194] Vom Zerwirken des Wildes

beim Abschlagen desselben die Vorderlaufe stark nach der Brust zu und macht den Schnitt dicht vor den Blättern[110].

Im Übrigen verfährt man ganz so, wie beim Rotwild, hat aber eine viel schwierigere Arbeit, als bei diesem, weil sich die Schwarte nicht mit dem Daumen abstoßen lässt, sondern mit dem Messer ganz und gar abgeschärft (abgeschwartet) werden muss, da sonst das Feist (Weißes) an ihr sitzen bleiben würde. Die Schwarte wird gehörig ausgereckt und an eine große Türe oder Bretterwand, mit der Haarseite gegen die Bretter gekehrt, angenagelt, um hierdurch das Zusammentrocknen derselben zu verhindern; dann bestreut man sie mit Asche und stellt sie zum Trocknen an einen luftigen Ort.

c. Das Streifen oder Abschwarten des Dachses.

Zum Streifen oder Abschwarten des Dachses schärft man die Schwarte von der Mitte der Unterkiefer über die Mitte des Halses, der Brust und des Bauches bis an das Waidloch auf und schärft dann zuerst den rechten Vorderlauf von den Ballen ab auf der inneren

---

[110] [KvR] Mit Blätter bezeichnet man den vorderen Teil des Rumpfes beim Schalenwild, ab dem die Schulterblätter sitzen. Beim Schwarzwild auch Plätze genannt.

Seite nach der Brust bis an den Einschnitt, der über die Mitte der Brust nach dem Waidloch hinführt, auf. Nun schärft man die übrigen Läufe in derselben Reihenfolge wie beim Rotwild, und zwar, bei den Hinterläufen von den Ballen bis an das Waidloch auf, führt aber den Schnitt möglichst weit nach dem Bauch heran, damit die Schwarte recht lang wird. Dann schärft man die Schwarte ab, wobei man fast ebenso große Mühe hat, wie beim Schwarzwild, weil der Dachs gewöhnlich viel Fett unter der Schwarte zu sitzen hat, welches Schnitt für Schnitt abgeschärft werden muss. Die Rute wird vom Waidloch aus auf der unteren Seite

aufgeschärft und dann abgeschwartet. Zuletzt werden die Fettlagen vom Nacken bis an die Rute abgeschärft und zum Ausbraten in kleine Stücke geschnitten.

Die Dachsschwarte wird tüchtig ausgereckt, und zum Trocknen auf ein großes Brett genagelt und dann mit Asche bestreut. Die an der Schwarte sitzen gebliebenen Fleisch- und Fettstreifen werden nach dem Aufnageln derselben abgelöst.

d. Das Streifen der Füchse, Marder, Otter, wilden Katzen, Iltis und, Wiesel

Das Streifen all' dieses Raubzeugs geschieht auf ganz gleiche Weise. Man schärft den Balg zuerst am rechten und dann am linken Vorderlauf von der Mitte des großen Ballens, auf der inneren Seite des Laufes, bis an die Brust auf, ohne jedoch die Schnitte über die Brust zu verlängern; ebenso schärft man die Hinterläufe bis ans Waidloch auf, wobei man aber den Schnitt möglichst weit nach dem Bauch zu führen muss, um dadurch den Balg länger zu machen und die Benutzbarkeit desselben zu vergrößern.

Hierauf streift man zuerst die Vorderläufe bis zur Brust, und die Hinterläufe bis ans Waidloch ab, schärft nun die Rute[111] auf der unteren Seite vom Waidloch

198

aus eine gute Handbreit auf, macht dieselbe durch mehrmaliges Drehen und Winden im Balg lose, und zieht dann die Rute aus dem Balg heraus, wobei man zuerst den aufgeschärften Teil in gewöhnlicher Weise abstreift, dann aber mit der rechten Hand den entblößten Teil der Rute ergreift und nun den übrigen Teil derselben aus dem Balg herauszieht, während die linke Hand den Balg an der Rutenwurzel umfasst und während des Herausziehens der

Rute festhält. Wenn dies geschehen [ist], hängt man den Fuchs mit den eingehessten Hinterläufen an einen Baumast, Nagel oder an einen besonders dazu eingerichteten Haken, ergreift den bereits abgestreiften Balg der Hinterläufe und zieht denselben zunächst bis an die Vorderläufe herunter. Hier zieht man die Vorderläufe durch den Balg hindurch, streift dann mittels starken Ziehens den Balg bis an die Gehöre, schärft die Knorpel derselben dicht am Kopf durch, damit die Gehöre am Balg sitzen bleiben, zieht dann den Balg bis an die Augen, schärft hier die Haut dicht am Kopf um die Augen herum durch und streift nun den Balg bis an die Zähne ab, wo derselbe an dem Unterkiefer und am ganzen Maul herum so abgeschärft wird, dass die Nase und die Lippen am Balg sitzen bleiben.

Während des ganzen Streifens gebraucht man das Messer sehr wenig und nur am Kopf, besonders aber an der Nase herum, muss der Balg fast ganz ab geschärft werden.

Zum Trocknen des Balges löst man zuerst den Knorpel aus den Gehören heraus, schärft die Rute bis zur Blume vollends auf und streift dann den Balg, mit der Haarseite nach innen gekehrt, über ein Brett, das je nach den verschiedenen Wildarten und Größen auch

---

[111] [KvR] Schwanz des Haarraubwildes (außer Fuchs bei dem dieser heutzutage Lunte genannt wird) und Hundes.

verschiedene Dimensionen haben muss, und zwar für Füchse 4 ½ Fuß lang, 7 bis 9 Zoll breit und 18 Zoll vom oberen Ende etwas zugespitzt, so dass die Spitze noch circa 2 ½ Zoll breit ist und abgerundet werden kann; für Marder 3 Fuß lang, 3 ½ bis 4 ½ Zoll breit und 9 Zoll vom oberen Ende etwas zugespitzt, so dass die Spitze noch 1 ¾ bis 2 Zollbreit bleibt. Für Otter müssen diese Bretter etwas größer und für wilde Katzen etwas kleiner sein, als für Füchse; für Iltis und Wiesel müssen sie kleiner sein, als für Marder.

[Seite 197] Vom Streifen etc. des Wildes

Auf der Mitte der Brettspitze schlägt man einen Nagel so weit ein, dass er 1 Zoll hervorragt; dieser Nagel darf keinen Kopf haben, sondern muss oben spitz sein, damit die Nase des Balges daran befestigt werden kann. Nachdem dies geschehen [ist], zieht man die Gehöre und die Vorderläufe nach außen heraus; zerrt den Balg so lang wie irgendwie möglich an dem Brett herunter und nagelt die äußersten Enden desselben mit kleinen Nägeln auf allen Seiten fest an, um das Zusammentrocknen zu verhindern; ebenso befestigt man dann auch noch die Unterkiefer. Die Rute darf jedoch nur an der Wurzel, nicht aber an der Blume angenagelt werden.

Endlich beklebt man die Gehöre und die nicht festgenagelten Vorderläufe mit steifem Papier, damit sie nicht zusammenschrumpfen können, schärft das am Balg hängen gebliebene Fleisch und Fett ab und stellt den Balg in die Nähe eines warmen Ofens, ohne jedoch demselben damit zu nahe zu kommen. Nachdem der Balg auf der Hautseite trocken geworden ist, zieht man die Nägel heraus und kehrt denselben um. Zuletzt, wenn auch die Haarseite trocken ist, klopft und kämmt man das Haar gehörig aus. Festgetrockneten Schweiß wäscht man vorher mit warmem Wasser aus, damit beim Auskämmen nicht so viele Haare ausgezogen werden.

e. Das Streifen der Hasen.

Beim Streifen der Hasen verfährt man meist sowie beim Fuchs. Die Vorderläufe werden aber gewöhnlich nicht aufgeschärft, sondern bis an das Kniegelenk abgestreift und hier abgelöst, so dass der untere Teil der Vorderläufe am Balg sitzen bleibt.

[Seite 198] Vom Streifen etc. des Wildes

Zum Trocknen der Hasenbälge steckt man Stroh hinein und hängt sie an einen recht luftigen Ort, oder man streift sie auch wie die Fuchsbälge über Bretter.

5. Vom Zerlegen des Wildes

Das Zerlegen des Wildes schlägt noch als letztes Geschäft in das Fach des Jägers; es geschieht meist nach bestimmten Regeln, von denen man sich nur in Ausnahmefällen Abweichungen erlauben darf.

Das Zerlegen des Rot-, Dam-, Reh- und Schwarzwildes erfolgt in fast gleicher Art auf folgende Weise: Man streckt das Wild auf die untergebreitete Haut auf den Rücken, löst zuerst das rechte und das linke Blatt ab, sticht dann das sogenannte Jägerrecht mit den dazu gehörigen drei vordersten Rippen ab, schärft die rechte und linke Flanke, von den Keulen bis an das Rückgrat heran, ab und zeichnet sich die Rippenstücke so ab, dass die Rippen eine Hand breit (bei Rehen etwas kürzer) am Rückgrat stehen bleiben. Hierauf schlägt man mit einem scharfen Beil zuerst das rechte und dann das linke Rippenstück auf untergehaltenem Holz recht gerade ab und zeichnet sich dann die Größe der Keulen vor. Man streckt dazu das Wild auf die linke Seite, legt die Keulen genau aufeinander und bezeichnet sich an beiden Keulen, hinten und vorn, diejenigen Punkte, wo die Keulen vom Rückgrat abgelöst werden sollen, sodann schärft man mit einem recht scharfen Messer auf der vorgezeichneten Linie zuerst an der rechten Keule das Wildbret und die Sehnen bis an den Keulenwirbel recht gerade ab und dreht die Kugel aus der Pfanne aus.

Wenn aber die Keulen größer oder kleiner werden sollen, so dass man beim Durchschärfen des Wildbrets nicht gerade auf den Wirbel stößt, so schlägt man den Keulenknochen mit einem scharfen Beil durch, wobei der Braten gewöhnlich weniger leidet, als beim Auslösen der Kugel.

Endlich löst man auch die linke Keule aus, und teilt dann das Rückgrat in die verschiedenen Ziemer. Bei Rehen macht man gewöhnlich zwei Ziemer, einen Wedel- oder Hinterziemer und einen Vorderziemer; bei Hirschen macht man drei Ziemer, einen Wedel-, einen Mittel- und ein Vorderziemer. Endlich löst man den Kopf vom Hals ab und haut zuletzt das sogenannte Jägerrecht zu Kochfleisch ein.

Sechster Abschnitt

Jagd - Kunstsprache

In der Jägerei hat sich von alters her eine Jagd-Kunstsprache gebildet, die jeder Waidmann kennen und anwenden muss. Der enge Raum dieses Werkes gestattet es jedoch nur, die wichtigsten Kunst-Ausdrücke von einigen Wildarten aufzunehmen, während im Übrigen auf den Inhalt des ganzen Werkes verwiesen werden muss, in welchem die Kunst-Ausdrücke meist mit gesperrter Schrift gedruckt sind.

1. Jagd-Kunst-Ausdrücke beim Rot- oder Edelwild

Das männliche Geschlecht heißt Hirsch, das weibliche Tier oder Alttier. Das Alttier setzt Kälber; von diesen heißt

das männliche bis Martinitag (11. November) Hirschkalb, das weibliche, Wildkalb. Von Martini ab heißt das männliche Kalb bis zum nächsten Frühjahr Schmalspießer; sobald es dann im Frühjahr Spieße aufgesetzt hat, Spießer oder Spießhirsch; im nächsten Jahr, wenn der Spießer ein Geweih mit zwei Enden an jeder Stange aufsetzt, Gabler oder

Gabelhirsch. Die Benennungen des starken Hirsches siehe Seite 154.

Das Wildkalb heißt von Martinitag bis zur nächsten Brunftzeit, Schmaltier, nach der Brunftzeit, Alttier. Solche Alttiere, die in der Brunft nicht aufgenommen haben, heißen Gelltiere, oder auch Gelttiere.

In der Zeit, wo die Hirsche neu aufgesetzt haben, nennt man sie, solange das Geweih noch weich und rau ist, Kolbenhirsche. Wenn ein Hirsch keine Körner oder Feldfrüchte angenommen hat, sondern nur im Wald Gras geäst hat, nennt man ihn Grashirsch.

Die Augen des Rotwilds nennt man Lichter; die Ohren, Lauscher oder Gehöre; die Zunge, Lecker; den Schwanz, Wedel; die Füße, Läufe; die kleinen über den Ballen befindlichen Spitzen, Oberrücken; die unteren Laufteile heißen Schalen; das Maul, Geäs; die Nase, Nustel; den Ausgang des Mastdarmes, Waidloch; die Dünnungen, Flanke; die Exkremente, Losung; das Euter, Gesäuge. Lunge, Herz und Leber zusammen heißen Geräusch; Magen und Gedärme, Gescheide. Sämtliche Eingeweide zusammen genommen, heißen Aufbruch. Die Gurgel heißt Drossel. Den knorpeligen starken Knoten am oberen Ende der Drossel nennt man Drosselknopf.

Das Rotwild hat kein Fett, sondern Feist; kein Fleisch, sondern Wildbret; kein Fell, sondern eine Haut; kein Blut,

sondern ebenso wie alles übrige Wild, Schweiß; es verfärbt, wenn es Haar von anderer Farbe bekommt; es nässt, wenn es uriniert; es tut sich nieder, wenn es sich auf die Erde oder auf den Schnee niederlässt; es sitzt im Bett und nicht im Lager; es hält seinen Wechsel, wenn es regelmäßig auf demselben Wege zur Äsung zieht; es frisst nicht, sondern es äßt. Die Nahrung heißt Äsung; es beißt das Getreide oder Gras ab; es verbeißt die jungen Schonungen. Den Eindruck, welchen es beim Auftreten in den Boden macht, nennt man Fährte, nicht Spur.

Mehrere Stück Wild beisammen bilden ein Rudel. Die Begattungszeit heißt Brunftzeit. Das männliche Glied nennt man Brunftrute; die Testikel, Kurzwildbret; das weibliche aber Feuchtblatt oder Feigenblatt. Das Tier geht hoch beschlagen, wenn es hoch trächtig ist. Der schwarzbraune Fleck am Bauch des Hirsches zur Brunftzeit heißt Brand oder Brunftbrand. Der Platz, auf welchem sich die Hirsche und das Mutterwild zur Brunft versammeln, heißt Brunftplatz. Der Hirsch trägt ein Geweih, kein Gehörn. Die zwei stumpfen Zähne, welche das Rotwild in der oberen Kinnlade sitzen hat, heißen Haken.

Das Wild zieht umher, wenn es sich in langsamer Gangart fortbewegt; es trollt, wenn es sich schneller bewegt; es ist flüchtig, wenn es sich äußerst schnell entfernt; es flieht über Jagdzeuge und fällt über Gehege und Wildgatter; es steht in einer Dickung; es plätzt, wenn es mit den Läufen das Moos oder Gras wegscharrt; es klagt, wenn es abgefangen oder genickt wird; es verendet, wenn der Tod eine Folge der Verwundung ist; es fällt oder geht ein, wenn dieser durch Kälte, Hunger oder Krankheit herbeige-

[Seite 202] Jagd-Kunst-Ausdrücke beim Rot- oder Edelwild

führt wird. Kümmerer nennt man ein solches Stück Wild, welches an einer Schusswunde, oder an einer sonstigen natürlichen Krankheit leidet und infolgedessen schlecht geworden ist.

2. Jagd-Kunst-Ausdrücke beim Damwild

Alle Kunst - Ausdrücke, die beim Rotwild gebräuchlich sind, finden auch auf das Damwild Anwendung. Das Geweih wird jedoch nicht nach seiner Endenzahl angesprochen, wie es beim Rotwild geschieht, sondern nach seiner oberen mehr oder weniger schaufelartigen Form, siehe Seite 159.

3. Jagd-Kunst-Ausdrücke beim Schwarzwild

Der Ausdruck Sauen bezeichnet beiderlei Geschlecht. Die männliche Sau heißt Keiler; die weibliche, Bache. Die Bache frischt, wenn sie Junge gebärt. Die Jungen männlichen und weiblichen Geschlechts heißen Frischlinge, bis sie ein Jahr alt sind; dann aber bis zur nächstfolgenden Brunft- oder Rauschzeit, überlaufene Frischlinge oder Überläufer. Von da ab heißt das weibliche Geschlecht ein ganzes Jahr hindurch zweijährige; im Folgenden, dreijährige und wenn sie vier volle Jahre alt sind, starke oder grobe Bachen. Der männliche Frischling heißt, wenn er zwei volle Jahre alt ist, zweijähriger, nach zwölf Monaten dreijähriger Keiler, von vier Jahren ein angehender Keiler oder ein angehendes Schwein, von fünf Jahren ein hauendes oder gutes Schwein und von sechs Jahren ein Haupt- oder grobes Schwein.

Der Rüssel wird Gebrech genannt; die in der unteren Kinnlade befindlichen großen krummen Hauzähne nennt man bei den Keilern Gewehre oder Gewerf; die in der oberen Kinnlade

befindlichen, die Haderer; bei den Bachen nennt man die viel kürzeren Hauzähne, Haken. Das Haar nennt man Borsten; die Ohren, Gehöre; die Dünnungen, Wammen; den Schwanz, Pürzel; die auf den Blättern oft fingerdicke Haut heißt das Schild; die Haut heißt Schwarte; das Fett heißt Feist oder Weißes; die kleinen Klauen hinten an den Läufen heißen Aftern oder Geäfter.

Sind mehrere Sauen beisammen, so nennt man sie eine Rotte oder auch Rudel. Die einzelne Sau schiebt sich in ein Lager ein (tut sich nicht nieder). Die Lager einer ganzen Rotte bilden einen Kessel. Die Sauen stecken in einer Dickung (stehen nicht darin); sie wechseln aus einer Dickung in die andere; sie stehen auf dem Bruch, wenn sie wühlen. Die Äsung heißt Fraß oder Gefräß oder auch Äsung. Der Keiler nimmt den Jäger an, wenn er auf denselben losgeht. Ausheben nennt man es, wenn man eine von Hunden festgehaltene Sau an den Hinterläufen hoch hebt, damit sie die Hunde nicht so leicht schlagen kann. Hosenflicker nennt man scherzweise die hauenden Schweine.

4. Jagd-Kunst-Ausdrücke beim Rehwild

Das männliche Geschlecht heißt Rehbock; das weibliche Ricke; die Jungen, Kälber oder Kitzchen. Das männliche Kalb heißt von Martini ab, wo es seine ersten Spieße bekommt, Spießbock; im nächsten Jahr, wenn das neue Gehörn zwei Sprossen hat, Gabelbock; später starker Bock und endlich Kapitalbock. Das weibliche Kalb heißt von Martini ab bis zur nächsten Brunftzeit Schmalreh; nachher Altreh, Ricke oder alte Ricke. Der Rehbock setzt ein Gehörn auf, kein Geweih. Die Ricke hat am Feigenblatt einen Haarbüschel, den man Schürze oder

Wasserzeichen nennt; der Rehbock hat an der Brunftrute einen Haarbüschel, der Pinsel genannt wird. Der weiße Fleck um das Waidloch herum heißt Spiegel. Das Reh schreckt oder schmält, wenn es Gefahr wittert und noch zweifelhaft darüber ist; es sichert dann, indem es durch den Geruch, Gehör und Gesicht die Gefahr zu erforschen sucht. Mehrere Rehe zusammen bilden einen Sprung. Der Rehbock wird aufs Blatten geschossen, wenn man ihn vermittelst eines Blattes oder Instrumentes herbeilockt.

Alle übrigen Kunst-Ausdrücke sind ebenso wie beim Rotwild.

5. Jagd-Kunst-Ausdrücke beim Hasen

Der männliche Hase heißt Rammler; der weibliche, Häsin oder Setzhase. Die jungen Hasen sind halbwachsen, wenn sie ihr Wachstum ungefähr halb vollendet haben. Der erste Satz heißt von Bartholomäi[112] an Dreiläufer. Die Ohren nennt man Löffel; die Augen, Seher; die Hinterläufe, Sprünge; den Schwanz, Blume oder Federlein; die Haare, Wolle. Die Haut nennt man bei allem zur niederen Jagd gehörigen Haarwild, Balg; und ebenso die Fährte, Spur. Die Begattungszeit nennt man Rammelzeit. Die Häsin setzt ihre

---

[112] [KvR] 24. August; Bartholomäus war einer der zwölf Apostel (Mk 3,18 EU) und gilt in der katholischen Kirche als Märtyrer.

Jungen; die zusammengehörigen Jungen heißen Satz; der Hase ist gut oder schlecht; er ist fett, nicht feist; er sitzt oder drückt sich im Lager; er fährt aus dem Lager; er rückt auf seinem Pass ins Feld, oder des Morgens ins Holz zurück; er wird genickt, wenn man ihn totschlägt (siehe den Abschnitt Abfangen des Wildes); er wird ausgeworfen, wenn man das Gescheide und Geräusch herausnimmt. Der Hase macht ein Männchen, wenn er sich auf die Keulen setzt; er macht

einen Kegel, wenn er sich ganz gerade aufrichtet, um zu horchen oder um sich zu sehen. Der Waldhase hält sich beständig im Wald und der Feldhase auf dem Feld auf. Hasenklein nennt man diejenigen Teile eines Hasen, die nicht gebraten werden, und zwar: Kopf, Hals, Vorderläufe, Rippen und Geräusch.

6. Jagd-Kunst-Ausdrucke beim Fuchs

Das männliche Geschlecht heißt Fuchs, das weibliche Füchsin oder Betze. Die Füchsin rennt, wenn sie hitzig ist. Fuchs und Füchsin hängen, wenn sie sich begatten. Die Begattungszeit heißt Rollzeit. Die Füchsin wirft oder wölft ihre Junge. Die auf einmal geworfenen Jungen heißen Geheck.

Der Schwanz heißt Standarte, Stange, Lunte oder Rute; die Spitze desselben, Blume. Den bisamartig riechenden Fleck auf der Standarte, 2 ½ Zoll von der Wurzel entfernt, nennt man Viole; die Ohren, Gehöre; das männliche Zeugungsglied, Rute oder Fruchtglied; die Testikel, Geschröt oder Gailen; das weibliche Schnalle oder Nuss. Das Feist heißt Fett; das Fleisch heißt nicht Wildbret oder Luder, sondern Fleisch.

Der Fuchs schleicht, wenn er sich langsam bewegt; er trabt oder schürt, wenn er sich etwas schneller bewegt; er ist flüchtig, wenn er sehr schnell läuft; er läuft aufs Reizen, wenn man ihn lockt; er bellt, wenn er seinen gewöhnlichen Laut von sich gibt; er kriecht zu Bau, steckt im Bau und fährt aus dem Bau; er verklüftet sich, wenn er im Bau die Röhre hinter sich zu gräbt, so dass ihn die Hunde nicht finden können. Der Fuchs maust, er raubt, er frisst den Raub

[Seite 206] Jagd-Kunst-Ausdrücke beim Fuchs

und nimmt die Schleppe, den Kirrbrocken oder das Luder an. Goldfuchs oder Birkfuchs, heißt ein Fuchs mit gelbem Rücken und weißer Kehle. Brandfuchs nennt man einen Fuchs, der einen dunklen, schwärzlichen Balg, schwarze Läufe und einen blauen Bauch und blaue Kehle hat.

7. Jagd-Kunst-Ausdrücke beim Dachs

Das männliche Geschlecht heißt Dachs; das weibliche Dächsin. Die Begattungszeit heißt Ranzzeit. Die Dächsin geht dick, d.h., sie ist trächtig; sie wirft Junge.

Der Dachs gräbt sich einen Bau und in demselben einen Kessel; er fährt aus, wenn er Erde aus dem Bau heraus scharrt; er fährt ein, wenn er zu Bau kriecht; er verklüftet sich, wenn er die Röhre hinter sich verstopft, damit ihn die Hunde nicht finden können; er geht aus, um sich Nahrung zu suchen; er sticht, wenn er mit der Nase kleine Erdstücke heraushebt, um die darunter befindlichen Würmer oder Wurzeln herauszubekommen. Der Dachs hat keine Haut, sondern eine Schwarte; kein Feist, sondern Fett; er hat Läufe, Gehöre und eine Rute; keine Borsten, sondern Haare, kein Wildbret, sondern Fleisch. Fettloch nennt man die mit Fett angefüllte Vertiefung unter der Rute.

8. Jagd-Kunst-Ausdrücke beim Marder

Die Begattungszeit heißt Ranzzeit. Der Marder baumt oder holzt auf, wenn er auf einen Baum klettert; er baumt weiter, wenn er von einem Baum zum andern springt. Absprung heißt die Stelle, wo er seine Läufe hinsetzt, wenn er

208

von einem Baum oder Gebäude herunterspringt; Aufstieg, wo er hochgeht. Honigflecke nennt man die räudigen Stellen am Balg des Marders.

9. Jagd-Kunst-Ausdrücke beim Auerwild

Der Aufenthaltsort alles zur hohen Jagd gehörigen Federwildes heißt Stand; es schwingt sich ein, oder es steigt oder tritt zu Baum, wenn es auf einen Baum fliegt; es steht auf dem Baum und auf der Erde; es schwingt sich aus oder streicht ab, wenn es vom Baum wegfliegt; es balzt, wenn es sich begattet; die ausgebrüteten Jungen heißen mit der alten Henne zusammen Kette. Der Kot heißt bei allem zur hohen Jagd gehörigen Federwild Losung.

Die Beine heißen Ständer. Den weißen Fleck auf dem Flügelgelenk des Hahns nennt man Spiegel. Die Nahrung heißt Geäs.

10. Jagd-Kunst-Ausdrücke beim Rebhuhn

Eine Ganze, aus dem Hahn, der Henne und den Jungen bestehende Familie heißt Volk oder Kette. Der dunkelbraune Fleck an der Brust des Hahnes heißt Schild; wenn sich bei den jungen Hähnen im vierten Monat ihres Alters dieses Schild bildet, sagt man, sie schildern. Der Schwanz heißt Steiß; der Kot heißt bei allem zur niederen Jagd gehörigen essbaren Federwilde Gestüber; die Füße, Beine oder auch Ständer; wenn man die Beine eines Huhns durch einen Schuss verletzt hat, so sagt man, das Huhn ist geständert. Wenn Rebhühner auf der Erde sitzen, sagt man sie liegen, wenn sie auffliegen, sagt man sie stehen auf; wenn sie dicht über der Erde fortfliegen, sagt man sie streichen oder ziehen; wenn sie höher steigen, sie stieben; wenn sie niederfallen, sie fallen ein. Der lockende Laut heißt Ruf.

11. Jagd-Kunst-Ausdrücke bei den Raubvögeln

Die Raubvögel fußen, wenn sie sich auf einen Baum setzen; sie horsten, wenn sie nisten; ihr Nest heißt Horst; die Beine nennt man Fänge; die Nägel, Krallen. Der Kot heißt Geschmeiß. Die Haare und Federn, die sie des Morgens wieder ausspeien, nennt man Gewölle.

Gedruckt bei E. Krämer in Potsdam.

www.ingramcontent.com/pod-product-compliance
Lightning Source LLC
Chambersburg PA
CBHW071340280526

45787CB00001B/160